Millicent Light

Die pure Lust in dir

Erotische Geschichten

Blue Panther Books

blue panther books Taschenbuch
Band 2253
1. Auflage: März 2018
2. Auflage: Januar 2024

Vollständige Taschenbuchausgabe
Originalausgabe

Lektorat:
Melanie Reichert / www.buchstabenwirbel.de

Cover:
© Tverdokhlib @ bigstockphoto.com
© Alex Staroseltsev @ bigstockphoto.com

Umschlaggestaltung: MT Design
Gesetzt in der Trajan Pro und Adobe Garamond Pro

Printed in Germany
ISBN 978-3-86277-749-5
www.blue-panther-books.de

INHALT

Mit dem Gutschein-Code

ML1TBKQYR

erhalten Sie auf **www.blue-panther-books.de** diese exklusive Zusatzgeschichte als E-Book in den Formaten PDF, E-PUB und Kindle. Registrieren Sie sich einfach online oder schicken Sie uns die beiliegende Postkarte ausgefüllt zurück!

Die Galerie der Wollust

Henriette, von allen nur Henny gerufen, stand vor ihrem hohen Wandspiegel im Schlafzimmer und betrachtete ihren schlanken, wohl geformten Körper. Wiegend bewegte sie ihr Becken langsam hin und her und verfolgte den Schwung des neuen tiefroten Kleides. Hauteng lag es bis über die Hüften an. Dann öffnete es sich leicht glockenförmig und bei ihren sanften Bewegungen umschmeichelte es perfekt ihre schlanken langen Beine.

Sie hatte es sich verdient. Die vielen Überstunden hatten sich ausgezahlt. Der Extrabonus auf ihrem Konto war eine kleine aber feine Belohnung gewesen. Das neue Kleid hatte einfach sein müssen.

Ihre Freundin Sammy hatte sie dann anschließend zu einem Galeriebesuch überredet und da das Kleid auch noch um einige Euro heruntergesetzt gewesen war – ein Hoch auf den Sommerschlussverkauf –, blieb für die heutige Ausstellung noch einiges an Geld übrig.

Auf einen schönen Abend. Sie freute sich wie wahnsinnig darauf. Wie lange hatte sie sich schon nichts mehr gegönnt? Pünktlich um neunzehn Uhr klingelte Sammy an der Haustür.

»Hey, bist du bereit?«

»Ich denke schon. Kommst du noch hoch?«

»Nein, komm runter, los. Ich warte im Taxi!« Henny wollte noch etwas erwidern, aber da war schon der hohle Ton der Gegensprechanlage zu hören. Sie verdrehte die Augen. Sammy war immer so hektisch. Ein Glas Sekt vorher hätte sie beide sicherlich ein wenig auf diesen Abend eingestimmt. Aber nein, Miss Hektisch war wieder in ihrem Element. So schnappte sie sich ihre Stola und machte sich auf den Weg nach unten.

»Na, du Verrückte!«, begrüßte Henny ihre Freundin und Arbeitskollegin, während sie das Taxi bestieg.

»Wieso? Nur weil ich gerne pünktlich bin? Weißt du, wie das bei einer Ausstellung abläuft?« Erwartungsvoll schaute Sammy sie an. »Nein?«

»Nein«, musste Henny eingestehen.

»Siehste, deshalb gehen wir gleich zu Beginn hin, um nichts zu verpassen. Ich habe Bea versprochen, ihr alles haarklein zu erzählen. Da kann ich nicht die Hälfte versäumen.« Sammy versuchte anscheinend, bei Henny auf Verständnis zu stoßen.

»Ich habe nur gedacht, wir trinken noch ein Glas Sekt zusammen. Um in Stimmung zu kommen. Werde nicht theatralisch. Als ob du schon mal wirklich pünktlich warst.«

»Hin und wieder kommt auch das vor.« Pikiert schaute sie zum Seitenfenster hinaus.

»Warum konnte Bea nicht mitkommen? Du hattest doch drei Karten gehabt?«

»Bea hat Bereitschaft aufgebrummt bekommen.« Das hörte sich sehr missmutig an. Bea, Sammy und Henny waren die dicksten Freundinnen, seit sie ihre Krankenschwesterausbildung begonnen hatten. Gegenseitig hatten sie sich durch die theoretischen und praktischen Prüfungen gepeitscht. Leid und gute Zeiten zusammen durchlebt. Und durch einen dummen, oder eher glücklichen, Zufall hatten sie alle im gleichen Krankenhaus anfangen können zu arbeiten. Sie gingen durch dick und dünn. Mittlerweile hatten sie die Mitte der Zwanziger hinter sich gelassen und genossen ihr Singledasein. Nur eine WG hatten sie nicht gründen wollen. Dafür war jeder ihre Privatsphäre, aber vor allem ihr Liebesleben, doch zu privat.

»Das ist verdammt ärgerlich, aber du kennst das ja ... Grippewelle, leider nicht zu ändern.« Henny war schon immer die Pragmatischere gewesen. Sammy musste ihrer Freundin zu ihrem Leidwesen recht geben. Sie alle drei waren mit Leib und Seele Krankenschwestern, jede mit einer anderen Fachrichtung, aber leider auch mit Bereitschaftsdienst. Und ausgerechnet Bea hatte es dieses Wochenende getroffen.

»Ja, ich weiß doch, aber wir drei haben seit einer Ewigkeit nichts mehr zusammen unternommen. Wir hatten uns doch so darauf gefreut.« Sammy schien sich in schlechter Laune baden zu wollen.

»Ach, komm, wir haben uns so aufgebrezelt, jetzt lass es uns auch genießen«, kumpelhaft stupste sie Sammy in die Seite. »Und Bea erzählen wir es dann bei einem Brunch am Montag. Wie hast du Dienst?«

»Hm ... Ich glaube, ich gehe ab Montag in den Spätdienst. Da könnte das passen.«

Keine zehn Minuten später hielt das Taxi vor einer kleinen Galerie, große raumhohe Fenster gewährten einen Blick in hellerleuchtete Räume. In den Räumlichkeiten standen an mehreren Hochtischen schon etliche, extravagant gekleidete Menschen. Die Männer waren stilgerecht in dunkle Anzüge gehüllt und einige Damen trugen mit Pailletten durchwirkte Kleider. Was einigen mehr oder weniger stand. Sammy berührte Henny mit dem Arm und deutete auf die Leute.

»Kunstliebhaber«, bedeutungsvoll nickte sie in deren Richtung.

»Aaah, Kunst-lieb-haber?« Henny musste diese Worte unbedingt einzeln betonen. Sie machten sich gern einen Spaß daraus, Wortspiele zu benutzen, die nicht alle mochten.

»Das hast du gesagt ...« Sammy zuckte verschwörerisch mit den Schultern.

»Dann komm, schauen wir uns das mal an. Und sehen, was der Abend so bringt.« Der Taxifahrer hielt ihnen die Tür auf. Beide stiegen elegant aus dem Fahrzeug.

Zusammen gingen sie auf den Eingang zu, zeigten ihre Eintrittskarten vor und wurden von einer sehr sexy gekleideten Frau mit einem Glas Champagner empfangen.

»Guten Abend, die Damen. Wir, die Inhaber der Galerie *L'amour,* wünschen einen schönen Aufenthalt und intensive Genüsse.« Etwas anzüglich musste Henny grinsen. Hatte sie nicht denselben aufreizenden Gedanken vor der Tür gehabt?

»Danke, wir hoffen, uns zu amüsieren.« Beide nahmen die Gläser in Empfang und schlenderten tiefer in die Räumlichkeiten hinein.

»Denkst du das Gleiche wie ich?« Sammy schaute sich in der stetig dichter werdenden Menge um.

»Du meinst, den Mangel an interessanter Männlichkeit?« Ein wenig enttäuscht blickte sie Henny an.

»Mensch, wir sind wegen der Kunst hier.« Sie berührte deren Arm und deutete auf die Exponate.

»Was ist schon Kunst ...«

»Das, was hier ausgestellt ist?«

»Ach, na ja, ich denke, das liegt im Auge des Betrachters. Diese Gemälde sind eindeutig zu zweideutig.« Jetzt war es an Sammy, die Augen zu verdrehen. Ihr war deutlich anzusehen, was sie von Hennys prüder Aussage hielt.

»Hast du schon mein neues Kleid bewundert?« Um sie vom Thema abzulenken, schwang Henny leicht mit den Hüften und lief ein Stück von Sammy weg.

»Wow, du siehst wirklich heiß darin aus. Es wäre eine Sünde gewesen, wenn du es nicht gekauft hättest.« Unverhohlene Bewunderung sprach aus ihren Worten, dabei grinste sie. Sammy hatte den Wink verstanden.

»Danke, das finde ich auch.« Geschmeidig ließ sie ihre Hand über ihre Taille und Hüfte gleiten. »Es ist ein Wahnsinnsgefühl auf der Haut. Der Stoff ist einfach der Hammer.« Henny grinste frech zurück.

»Dann Prost auf den Kauf!« Sammy hob ihr Glas und stieß es sacht an Hennys. Das leise Klirren und die kleinen, wild aufsteigenden Sprudelperlen lenkten ihre Aufmerksamkeit auf das Getränk. Fasziniert beobachteten sie es kurz, bevor sie beide einen Schluck nahmen.

Henny genoss das sanfte Prickeln in ihrem Mund. Der überaus süßliche Geschmack hinterließ ein Verlangen nach mehr.

»Wollen wir ein bisschen rumlaufen?« Henny brauchte Bewegung, außerdem wollten sie sich doch die Kunstwerke anschauen. Die nackten makellosen Körper, die verschlungen in lasziven Posen auf die Leinwände gebannt worden waren, lösten eine innere, sinnliche Unruhe in ihr aus.

Sie fühlte sich zu den Bildern magisch hingezogen. Die Körper waren weder anzüglich noch pervers abgebildet. Nein. Sehr erotisch. Sehr stimulierend. Sehr animierend.

»Lass uns die Bilder anschauen.« Brummelnd nickte Sammy ihr zu. Sie war von den Kunstwerken nicht so angetan. Heute offenbar nicht. Normalerweise würde sie sich hier wohlfühlen, aber die lange Woche hatte auch bei ihr Spuren hinterlassen. Hoffentlich bekam sie nicht auch noch die Grippe. Sie beließ es bei dem Champagner und der Betrachtung der Betrachter.

»Wenn es sein muss.«

»Komm schon, wenigstens zwei der vier Räume.«

»Aber wenn wir dann nichts finden – du weißt, was ich meine –, gehen wir. Nehmen ein Taxi und fahren in unsere Lieblingsbar.« Entsetzt blieb Henny stehen.

»In *Das Loch?* Sicher nicht! Nicht in diesem Aufzug!« Sie schaute an sich hinab. »Das wäre reine Verschwendung!«

»Na gut, da könntest du recht haben. Dann halt ins *Waikaaki.*«

»Okay, abgemacht. Da könnte das Ambiente für unsere Aufmachung stimmen.«

»Los jetzt. Komm schon!« Dieses Mal war es Henny, die Sammy zum Vorangehen drängte.

Sie hatten den ersten Ausstellungsraum durchquert, sich die erotisch-sinnlichen Bilder angesehen und das ein oder andere Mal leise ein *Hach* von sich gegeben. Im angrenzenden Raum kamen Plastiken dazu. Die dargestellten Figuren erinnerten sehr an vergangene Zeiten, an griechische Gottheiten, die mit nackten Körpern ihr Dasein genossen hatten.

Vielleicht lag es an den Lichtverhältnissen, vielleicht an dem sehr guten Champagner oder an dem neuen Kleid. Auf alle Fälle begannen sich in Henny merkwürdige Gelüste aufzutun. Ihr wurde warm. Nein. Eigentlich schon eher heiß. Sie fühlte sich von der gesamten Atmosphäre aufgeheizt und angeregt.

Hier standen an jeder Wand junge, dynamische Körper, die sich ihrer Schönheit bewusst waren und sie gerne zeigte. Runde Frauengesäße, straffe Brüste, aufgerichtete Nippel. Wohl gerundete Schenkel, zarte Schultern und anmutige Gesichter, die einen Hauch von innerer Zufriedenheit ausstrahlten. In der Mitte waren Paare aufgestellt, die sich sanft aneinanderschmiegten, sich umschlangen, lustvolle Küsse tauschten.

»Sammy, mir ist warm, ich brauche frische Luft!« Theatralisch fächelte sie sich mit der Hand eine frische Brise zu.

»Komm schon, so heiß sind die Bilder auch nicht. Oder die Figuren. Mein Gott, die habe ich im historischen Museum schon freizügiger gesehen«, spöttelte Sammy. Leise kicherte Henny, jetzt bewegte sie ihre Arme *fachmännisch* und beschrieb das Kunstwerk.

»Du nun wieder ... Ich finde sie ansprechend. Schon sehr erotisch. Auf eine sinnliche Art und Weise.«

»Hm, wenn man auf so etwas steht. Ich bin nicht so für Blümchen...«

»Wer sagt denn, dass das Blümchensex ist? Es ist sehr ästhetisch.«

»Und da sind wir wieder beim Thema. Kunst liegt im Auge oder zwischen den Beinen des Betrachters.« Ein demonstratives

Schnauben unterstrich ihre Aussage.

»Danke, du bist ja heute wieder direkt.« Damit drehte sich Henny von Sammy weg und lenkte ihren Blick wieder auf eine der Figuren, die sich mitten im Raum anmutig auf einem Stuhl räkelte.

»Guten Abend.« Die sonore männliche Stimme kam für beide Frauen sehr unerwartet. Leicht zuckten sie zusammen, drehten sich dem Sprecher dann aber entgegen. »Verzeihung. Ich wollte Sie nicht erschrecken. Dennoch konnte ich nicht umgehen, Ihre Diskussion zu verfolgen.«

Verlegen sahen sich Sammy und Henny an.

»Guten Abend. Es tut mir leid, ich hoffe, wir waren nicht zu aufdringlich. Oder zu laut. Manchmal haben wir sehr unterschiedliche Ansichten«, sie schaute zu Sammy hinüber und zwinkerte ihr zu, »was Kunst betrifft.«

»Das ist verständlich. Jeder Mensch sollte seine eigene Meinung haben, das kommt leider zu selten vor.« Etwas verwundert blickten die zwei Frauen den wirklich sehr attraktiven Mann ihnen gegenüber an. Groß gewachsen, trainiert, wunderbar breite Schultern. Der dunkle Anzug war ihm auf den Leib geschneidert worden. Henny musste kurz schlucken, ein Abbild der Skulptur stand vor ihnen. Ein kantiges Gesicht, eine schmale, gerade Nase und die männlich-markanten Lippen waren schon sehr beeindruckend, was sie aber völlig aus der Bahn geworfen hatte, waren seine Augen. Eng zusammenstehend und stahlgrau leuchtend unter tiefen Augenbrauen, schauten sie sie durchdringend an. »Entschuldigung, die Damen, das ist für diese Umgebung nicht der richtige Gesprächsstoff.«

Sammy ergriff die Chance, die sich hier gerade geboten hatte, sich ein wenig alleine umzuschauen, um ihre Möglichkeiten auszutesten. Sich von Henny zu trennen, war dabei manchmal hilfreich.

»Sie entschuldigen mich, ich müsste mal ...«, sie schien zu überlegen. »Ich gehe mir kurz die Nase pudern.« Hennys Gesichtsausdruck konnte man nur als verblüfft beschreiben.

»Ich bin gleich wieder da.« Gesagt, getan, Sammy bewegte sich in aufreizender Geschwindigkeit in Richtung des Kellners. Ha, von wegen, Nase pudern. Sie wollte Henny einfach nur ihrem Schicksal überlassen. Ein kleines, süffisantes Lächeln huschte über ihr Gesicht. Im Geheimen wünschte sie ihr einen erfolgreichen Abend.

»Es tut mir leid, habe ich jetzt ihre Freundin vergrault?« Die Stimme des Fremden erinnerte sie wieder an seine Gegenwart. Mit einem freundlichen und offenen Lächeln drehte sie sich ganz zu ihm.

»Oh, nein, ich muss mich entschuldigen. Wir haben uns gerade völlig kindisch über unsere Ansichten zum Thema Kunst gestritten und jetzt schmollt sie. Ich hoffe, wir erscheinen Ihnen nicht zu albern.«

»Nein, auf keinen Fall.« Er schaute sich im Raum um und zeigte auf eine Figurenplastik, die nah am Eingang zum nächsten und schummrigsten Raum stand.

»Darf ich Ihnen diese Skulptur zeigen? Sie schienen an den Plastiken sehr interessiert.« Er reichte ihr seinen Arm, sehr vornehm, wie sie fand, Henny legte ihre Hand in seine Beuge und begleitete ihn zu dem Exponat.

»Kennen Sie den Künstler?«, fragte er unvermittelt.

»Nein, leider nicht. Wir haben die Karten gewonnen. Eigentlich meine Freundin Sammy. Und da wir heute beide frei hatten, haben wir die Chance genutzt. Um ehrlich zu sein, wir wussten nicht einmal, was uns hier erwarten wird.« Reumütig schaute Henny von einem Gemälde zum anderen. »Ich hätte mich wirklich informieren sollen.« Ein leichter Schauer durchlief ihren Körper. Zittrig holte sie tief Luft. Sie musste daran denken, wie sie selbst vorhin noch vor dem Spiegel in ihrem Schlafzimmer posiert hatte. Das ein oder andere Gemälde zeigte fast die gleichen sinnlichen Stimmungen.

»Ist Ihnen kalt?« Der Mann neben ihr schien sie genau beobachtet zu haben.

»Nein, ganz bestimmt nicht. Fast schon ein wenig zu warm.« Mit der Hand, die bisher auf seinem Arm gelegen hatte, fächelte sie sich leicht Luft zu.

»Möchten Sie noch ein Glas Champagner?«

»Ich weiß nicht, ob das so eine gute Idee wäre …« Unschlüssig betrachtete sie die Figur vor sich. Die Mischung aus dieser erotisch flirrenden Luft und dem prickelnden Getränk wirkten auf sie wie ein Aphrodisiakum. Und er schien es zu wissen.

Er winkte einem Kellner, der brachte prompt ein neues Glas mit der für sie so gefährlich perlenden Flüssigkeit.

In ihrem Inneren kribbelte es schon seit geraumer Zeit. Eigentlich benötigte sie keinen weiteren Drink, aber sie brauchte auch etwas zum Festhalten. Durch die Nähe des Unbekannten wurde das Kribbeln nicht besser. Ihre Hand konnte unter dem Stoff einen starken Arm spüren. Feste Muskeln, sehnige Stränge, die unter dem Jackenärmel verliefen.

Und seine Augen. Wow. Sogar in der diffusen Beleuchtung stachen sie intensiv hervor. Stahlgraue Augen. Mit kleinen gelben Sprenkeln. Wieso wirkten diese Augen so betörend auf sie? Wieder lief ein kleiner Schauer ihren Körper entlang. Wo sollte das hier hinführen?

»Sie scheinen doch zu frösteln.«

»Offensichtlich …«

»Wollen wir uns die Figur anschauen?«

»Meine Freundin wird mich vermissen.«

»Bis sie sich wieder an Sie erinnert, sind wir in den anderen Räumen angelangt.« In ihr machte sich eine leichte Unsicherheit breit, weil sie nicht wusste, worauf sie sich eingelassen hatte. Zaghaft folgte sie dem Unbekannten in Richtung der letzten Plastik. Der Raum wurde bewusst in einem rötlich-dämmrigen Licht gehalten. In der Mitte befand sich nur eine lebensgroße Skulptur. An den Wänden hingen raumhohe Spiegel, so, dass man das Gefühl hatte, von mehreren sich windenden und liebenden Paaren umgeben zu sein. Von jeder Position im Raum aus wurde man in deren Liebesspiel involviert. Die Stimmung in diesem Zimmer war aufs Höchste stimulierend. Sie hatte ihren Begleiter losgelassen, ihr Champagnerkelch zitterte leicht in ihrer Hand. Die andere hatte sie auf ihr Dekolleté gelegt.

»Was sehen Sie in diesem Kunstwerk?« Dicht an ihrem Ohr hörte sie seine tiefe, raue Stimme. Seine Hand berührte leicht ihre Hüfte. Durch den dünnen Stoff fühlte es sich an, als würde sie direkt auf ihrer Haut liegen. Henny konnte nur verstört Luft holen. Sie wagte kaum, sich zu bewegen.

Sie betrachtete die Bronzefiguren vor sich. Eine nackte und sehr schöne Frau lag auf den Armen abgestützt, seitlich auf dem Boden. Ihre Hüfte ragte hoch in die Luft, die Beine weit gespreizt, öffnete sie sich ihrem Liebhaber. Ihre Scham war vollkommen rasiert dargestellt. Kein Härchen umspielte ihre Spalte. Ihr Partner kniete über ihr, stützte ihr in die Luft ragendes Bein und sein langer, großer, wohl geformter Penis drang in ihre Körperöffnung ein.

So viel Sinnlichkeit.

In dem Gesicht der Frau war die Wollust deutlich zu erkennen, der Mund leicht geöffnet, die Augen geschlossen, der Kopf in Richtung ihres Liebhabers gedreht. Der Mann schien in der Mimik der Frau zu lesen. Seine Augen waren offen und der Blick direkt in ihr Gesicht gerichtet. Er labte sich an ihrer Leidenschaft.

Hennys Atem ging stoßweise. Sie konnte die Feuchtigkeit zwischen ihren Schenkel spüren. Sie war erregt. Der ganze

Abend war eine anregende und kribbelnde Erfahrung.

Ihr Begleiter, der seine Hand immer noch auf ihrer Hüfte liegen hatte, begann, diese zu bewegen. Langsame, kleine Bewegungen, erst auf dem Hüftknochen und dann über die Taille hinauf zu den letzten Rippenbögen.

Gerade wünschte sich Henny nichts mehr, als diese Frau in der Plastik zu sein.

Sie wandte langsam ihren Blick von den Figuren zu der Wand dahinter. Im Spiegel konnte sie deutlich den großen, dunkelhaarigen Mann sehen, der dicht an sie gedrängt jetzt halb hinter ihr stand. Sie verfolgte mit den Augen seine Hand. Ihr waren seine Berührungen absolut nicht unangenehm. Sie fühlte sich nur noch erregter. Der sanfte Druck, der von seinen Fingern ausging, hinterließ Brandmale auf ihrer Haut. Die Reibung des feinen Stoffes überreizte an diesen Stellen ihren Körper. Ganz langsam wurden ihre Knie butterweich. Wie in Zeitlupe lehnte sie sich an seine breite Brust. Hielt den Blick aber weiterhin über den Spiegel auf ihn gerichtet.

Sie beobachtete, wie er den Kopf senkte und seine Lippen ihre Halsbeuge berührten. Es zu sehen und gleichzeitig zu erleben, ließ sie ihren Atem scharf durch die Nase ziehen.

In diesem Moment bereute sie es auch nicht, ihre Haare hochgesteckt und dieses sündhaft enge Kleid angezogen zu haben.

Sie wollte, dass er sie berührte. Sie musste ihn spüren. Dieser Abend war wie geschaffen dafür.

Seine Finger waren auf seiner Entdeckungsreise weiter nach oben gewandert. Mit dem Daumen berührte er die Unterseite ihrer Brust. Strich in kleinen, kreisenden Bewegungen darüber. Sein Mund wanderte indessen zwischen ihrem Ohrläppchen und ihrer Schulter hin und her. Diese sündhaften Lippen drückten kleine Küsse darauf und seine Zunge zeichnete winzige Tupfen dazu. Wenn er den Mund von ihrer Haut nahm, konnte sie seinen heißen Atem wahrnehmen, der über die feuchte Stelle strich und dort eine klitzekleine Gänsehaut entstehen ließ.

»Gehört das auch zur Ausstellung?« Ihre Stimme hörte sich piepsig an.

»Das, meine unbekannte Schönheit, gehört zur Sonderführung.« Das schon vorher sehr raue, markante Timbre, war nun um einiges dunkler und rauchiger.

Henny ging es durch Mark und Bein. Wäre sie nicht zuvor schon aufs Höchste erregt gewesen. Sie wäre bei diesem Klang sofort schwach geworden.

»Ist das die VIP-Behandlung, die auf der Karte ausgepriesen wurde? Oder bekommen das nur auserwählte Gäste?« Der sinnliche Ton in ihrer Stimme überraschte sie.

»Die ist für dich gratis, du bekommst mehr, als du erwartest. Das verspreche ich dir.« Mit diesen Worten drehte er sie zu sich herum und gab ihr den ersten Kuss an diesem Abend.

Henny war schon des Öfteren geküsst worden. Sie war bei Leibe auch keine Jungfrau mehr. Aber dieser Kuss, wow, der hatte es in sich. Es war kein wildes Herumstochern mit der Zunge. Nein. Es war mehr ein erotischer Tanz, spielerisch animierte er sie dazu, sich ihm zu öffnen, sich an ihn zu schmiegen und seine Liebkosungen zu erwidern.

Seine Hände lagen auf ihrem Po und drückten sie ungeniert an seine stark erigierte Männlichkeit. Wie durch einen Schleier drangen die Geräusche der Galeriebesucher zu ihnen durch. Ruckartig und ein wenig verlegen löste sich Henny von ihm. Trat einen kleinen Schritt zurück und schwankte vor innerer Aufruhr.

Er hielt ihr seine große Hand hin und dankbar nahm sie sie an. Ein fataler Fehler. Der Fremde zog sie wieder an sich heran und flüsterte ihr ins Ohr: »Die Ausstellung geht hinter der Tür weiter. Interesse?«

Einen kleinen Augenblick blieb Henny der Atem weg. Was bot er ihr hier an? Wo sollte das enden? Allerdings konnte sie kaum noch stehen, ihr Tanga war durchnässt und ihr Bauch kribbelte wie verrückt.

»Zeig es mir.« Kurz überrascht von ihrer eigenen Courage, nahm sie sein Angebot an.

»Dann komm.« Er löste sich von ihr, nahm erneut ihre Hand und zusammen gingen sie hinter der Figur vorbei zu einem Vorhang, den sie bis eben noch nicht wahrgenommen hatte. Galant hob er die Falten zur Seite und lief mit ihr über einen Flur, von dem links und rechts Türen abgingen. Während er sie weiterführte, hatte er seinen Arm um ihre Taille gelegt und zog sie an sich heran.

Am Ende des Korridors öffnete er eine Tür und sie traten in ein Büro mit einem sehr großen, wuchtigen Schreibtisch, vielen Bücherregalen und einer breiten Ledercouch.

Langsam ging Henny in das Zimmer, ließ für einen Moment die Atmosphäre auf sich wirken. Hier war ein Mann Herrscher dieses Reichs. Feste, dominante Formen, wenig Klimbim. Und das dunkle Holz verlieh Würde. Sie konnte sich ihren Unbekannten gut und gerne hier vorstellen. Vielleicht war er ja sogar der Inhaber der Galerie.

Henny drehte sich zu ihm, um ihn dabei zu beobachten, wie er sich aus seinem Jackett schälte. Sie immer im Blick behaltend, öffnete er die ersten Knöpfe seines Hemdes. Henny war fasziniert.

»Weiter«, war alles, was sie hervorbrachte. Ihr Hals war wie zugeschnürt vor lauter Erregung.

Laszív hob er eine Augenbraue.

»Gleichzeitig«, hörte sie ihn flüstern. Sie konnte ein Schmunzeln nicht unterdrücken.

»Geht nicht.« Verwirrt schaute er sie starr an. Ein *Warum* stand deutlich in sein Gesicht geschrieben.

»Hast du es dir anders überlegt? Dann geh besser jetzt. Denn ich glaube nicht, dass ich nachher ein Nein noch akzeptiere.« Seine heisere Stimme klang zudem etwas ungeduldig.

»Sollte ich es mir lieber anders überlegen?«

»Nein.«

»Gut, aber ich habe keine Knöpfe ...« Ihr freches Grinsen wurde mit einem erleichterten Seufzen quittiert und sofort war er bei ihr, legte eine Hand auf ihre Mitte und umfasste mit der anderen ihren Hinterkopf.

Wieder wurde sie, fast bis zu Besinnungslosigkeit, geküsst. Sein Mund eroberte den ihren, seine Zunge und ihre waren eins. Gleichzeitig bewegte er seine Hände über ihren Körper, öffnete den Reißverschluss auf ihrem Rücken und ließ das Kleid langsam und andächtig nach unten gleiten.

»So geht es natürlich schneller.« Bewundernd betrachtete er ihren Körper. Sie trug unter ihrem Kleid keinen BH, ihre Brüste waren klein, prall und bedurften nicht unbedingt Halt. Sie konnte ihn getrost weglassen. Ihre Brustspitzen standen vor Erregung von ihrem Körper ab. Wohl gerundete, kleine Brüste, die vollkommen in seinen großen Händen verschwanden. Die Nippel nahm er zwischen die Finger und presste sie zusammen. Ein Stöhnen entfloh Hennys Lippen.

Bis auf den kleinen roten Stringtanga, der so toll zu der Farbe des Kleides passte, stand sie splitterfasernackt vor ihm. Und sie fühlte sich keinen Moment unbehaglich. Sie wusste, dass sie eine beneidenswert gute Figur hatte und deshalb zeigte sie diese auch gern.

Seinen gierigen, vor Leidenschaft dunklen Augen ausgeliefert zu sein, steigerte ihre Erregung ins Unermessliche. Sie mochte es, angeschaut zu werden.

Ihr schon donnernder Puls brachte ihr Blut dazu, noch schneller, noch heißer durch ihren Körper zu fließen. Sie standen sich gegenüber. Sein Blick verbrannte sie. Henny war willenlos.

Er drängte sie zu dem Schreibtisch. Ging mit ihr auf die Seite, auf der der Stuhl stand, und deutete ihr an, sich auf den Tisch zu setzen.

Henny kam sich überaus verrucht vor. Sie ließ alle Hemmungen fallen und setzte sich auf den großen, breiten Schreibtisch. Leicht beugte sie sich nach hinten, stützte sich auf ihren Unterarmen ab und öffnete für ihn ihre Schenkel. Fast genauso weit wie die sich liebenden Figuren im Ausstellungsraum.

Der Unbekannte genoss den Anblick offenbar. Ihre weit gespreizten Oberschenkel luden ihn ein, sie zu erkunden. Sie ergab sich ihm in ihrer Leidenschaft völlig.

Auf so einen genialen Abschluss hatte sie gehofft. Und dieser umwerfend gut aussehende Mann würde ihn mit ihr feiern.

Seine Wollust konnte Henny in seinen Augen erkennen. Er schien nicht anders zu können. Sie beobachtete, wie er sich in den Sessel vor den Tisch setzte. Sie schauten sich dabei die ganze Zeit in die Augen und Henny sah, wie er ihre feucht glänzende Spalte berührte. Sie war rasiert, nackt, triefend vor Erregung. Als er vorsichtig ihre feuchten Lippen teilte, den Finger auf und ab bewegte, konnte sie nur ein Luftschnappen von sich geben und ein tiefes Stöhnen.

Aufgeregt bewegte sie ihre Hüften. Er spielte schon zu lange mit ihr. Sie war bereit für ihn. Mehr als bereit. Vorsichtig zog er ihr den feuchten String ganz zur Seite, leckte über den Stoff, atmete ihre Leidenschaft ein. Länger konnte er ihrem Angebot nicht widerstehen, denn er senkte seinen Mund auf ihre zitternden Lippen, erkundete jede ihrer Falten und umspielte den festen kleinen Knubbel mit der Zunge. Unter seinen Berührungen wurde er fester und extrem empfindlich. Mit seinen Lippen zog er sacht an ihm, mit den Zähnen lockte er ihn aus der Reserve. Immer wieder bäumte sie sich ihm entgegen.

Bei jedem seiner Küsse zuckte sie vor Wonne zusammen und presste ihr Becken fest an seinen Mund. Als seine Zunge ihre verborgene Öffnung fand, spürte sie, wie er rhythmisch in sie eindrang. Ihr Kopf kippte nach hinten, legte ihren Hals frei und aus ihrem Mund drangen leise Geräusche, die sich sehr nach einem Wimmern anhörten.

»Bitte ...« Henny wusste nicht, wie sie ihn dazu bringen sollte, sich in ihr zu versenken. Sie wollte ihn ganz. Ihre Toleranzgrenze war erreicht, sie strebte nach dem höchsten Gipfel ihrer Lust. »Bitte, ich will dich in mir«, krächzte sie diese Worte abgehackt heraus.

Er leckte ausgiebig weiter über ihre Spalte. Nahm ihren Saft auf, inhalierte ihren Duft.

»Gleich«, brachte er zwischen zwei Lecksalven hervor.

Weiter versenkte er seine Zunge in ihr. Seine Nase rieb über ihren Kitzler und sie konnte nicht anders. Henny kam zu ihrem ersten Orgasmus. Sie konnte nur noch schluchzen, ihr Becken zuckte im Rhythmus des Zusammenziehens der Muskeln.

Nur am Rand ihrer körperlichen Mattheit nahm sie wahr, wie er sich seiner restlichen Kleidung entledigte. Endlich war er wie sie nackt. Sein Penis stand prall und voll von seinem Körper ab. Sie war heiß auf ihn. Sie war feucht, sie war bereit. Sein Schamhaar war kurz und in Form rasiert. Ihr Blick glitt über seinen festen modellierten Bauch nach oben. Brust- und Bauchhaar war entfernt worden. Was seine Muskeln noch besser zum Vorschein brachten. Sehr zu ihrer Freude, genoss er es, wie intensiv sie ihn betrachtete.

»Gefällt dir, was du siehst?«

Und genau einen Moment später drang er mit seinem Glied nur Millimeter in sie ein und verharrte in der Bewegung.

»Hör auf, zu spielen!« Sie wollte ihn so tief wie möglich in sich spüren. Doch er hielt sich zurück. Sie konnte sehen, dass er sich an der obersten Schublade des Schreibtisches zu schaffen machte. Eine Sekunde danach hielt er ein kleines silberfarbenes Päckchen in der Hand.

Seine stahlgrauen Augen schauten auf sie herab. Sie nickte zustimmend und bewunderte ihn noch mehr. Sehr gekonnt öffnete er das Teil und schob sich den Gummi langsam und bedächtig über seinen Penis. Dann zwinkerte er ihr verrucht zu.

»Das gehört zur VIP-Behandlung.« Heiser und voller Lust klang seine Stimme. Seine Hände umfassten ihre Hüften und dann stieß er endlich in sie. Zog ihn heraus und rammte ihn wieder hinein.

Urtümlich, animalisch, erregend.

»Oh ja ...« Sie konnte nur schwach antworten. In ihr baute sich wieder diese köstliche Spannung auf. Sie kroch vom Knie die Oberschenkel hinauf und vom Bauchnabel hinab zu ihrem Innersten. Es war einfach nur herrlich.

»Stellungswechsel«, kündigte er seinen Rückzug aus ihr an. Henny gab nur ein entrüstetes Schnauben von sich. Sie war so kurz vor ihrem nächsten Höhepunkt gewesen.

Er setzte sich zurück auf den Stuhl, rutschte mit den Hüften weit nach vorn und deutete ihr an, sich auf ihm niederzulassen.

Kurz wollte sie austesten, ob sie ebensolche Macht über ihn hatte wie er über sie.

Mit ihren Fingern fuhr sie über seine Brust, umkreiste seine Nippel, die gleich fest und dunkler wurden. Strich entlang des Brustbeines über den Bauch, umspielte seinen Bauchnabel, steckte kurz den Finger hinein, um sich dann auf dem Weg zu ihrem eigentlichen Ziel zu machen.

Sie umfasste sein hartes Glied. Legte den Daumen auf die pflaumenähnliche Öffnung, teilte sie vorsichtig, um weiter von diesem Punkt zu den prallen Hoden hinabzugleiten. Sie umrundete sie, nahm sie in die Hand, wog sie hin und her. Dann senkte sie ihren Kopf, nahm seine Eichel zwischen ihre Lippen, umschloss sie fest und entließ sie mit einem kleinen *Plopp*.

Erst jetzt vernahm sie seine keuchenden, drängenden Laute. Sie war so stolz auf sich, diesen vor Testosteron strotzenden Mann aus der Fassung zu bringen. Jetzt war er es, der fast bettelte.

»Tu es, los!« Sein Brustkorb hob und senkte sich vor Erregung, war mit Schweiß bedeckt.

Ganz langsam spreizte sie ihre Schenkel. Stellte sich über ihn und senkte sich Millimeter für Millimeter auf ihn hinab, nahm ihn in sich auf.

Sein pralles Glied drang ohne Probleme in ihre feuchte Spalte. Fest packte er ihre Hüften und drängte sich ihr entgegen.

»Reite mich.« Sie mochte seinen sinnlichen Tonfall.

Genüsslich ließ sie das Becken kreisen. Spannte ihre inneren Muskeln an und zwang ihn dadurch, in der Bewegung innezuhalten. Sie beugte sich ihm entgegen, schaute ihm dabei tief in die Augen. Sein vor Lust verschleierter Blick ließ sie wimmern, die Schwerkraft arbeitete für sie, sie sank auf und nieder, und jedes Mal presste er seinen harten, vor Geilheit strotzenden Schwanz in sie hinein. Ihr war es dennoch nicht genug. Sie hielt ihm ihre steil aufgerichteten Nippel entgegen.

»Nimm sie in den Mund.« Wo sie den Mut hernahm, sich diesem völlig fremden Mann so vorbehaltlos hinzugeben, wusste sie nicht und es erschreckte und erregte sie noch mehr.

Er ließ sich nicht lange bitten, öffnete seine Lippen, legte sie um ihre feste Brustwarze und begann mit der Zunge einen erotischen Tanz. Während Henny sich auf seinem Schoß wiegte, leckte und saugte und biss er in ihre empfindlichen Spitzen.

Sie gaben ihrem Sinnesrausch nach, drängten sich immer dichter aneinander, er stieß in ihre feuchte, vor Wollust triefende Höhle hinein. Sie nahm seine Stöße entgegen. Immer schneller, immer intensiver.

Im Raum konnte man nur noch ihrer beider Keuchen hören.

Augenblicke später löste sich von Hennys Lippen ein erlösendes Stöhnen. Ihre Muskeln zogen sich rhythmisch um seinen stahlharten Penis zusammen. Noch mehr Feuchtigkeit sammelte sich an diesem Punkt, wo sich ihrer beider Körper verbanden. Seine Finger fanden genau diese Stelle, er benetzte sie mit ihrer Lust und hielt sie sich an die Nase. Mit geschlossenen Augen inhalierter er ihren Duft. »Du bist der Wahnsinn!« Er strich die Nässe über ihre Brustwarzen, leckte darüber, saugte den Busen fast ganz in seinen Mund und mit einem extrem tiefen Stöhnen kam er in ihr.

Minutenlang verharrten sie in dieser Position.

Henny drückte ihm einen Kuss auf den Hals, richtete sich auf und löste sich langsam von ihm. Sein mittlerweile schlaffes Glied rutschte aus ihr heraus. Nass, vom Kondom und Sperma bedeckt, ruhte es auf seinem Schoß.

Henny lächelte, eben hatte dieser Zauberstab sie in die außergewöhnlichsten Wonnen der Lust katapultiert und jetzt lag es traurig und ohne Reaktion einfach da.

»Diese VIP-Behandlung war besser, als gedacht.«

Er erschien ihr immer noch benebelt. Sie, als erotikliebende Frau, hatte ihm gerade gezeigt, dass auch er ein Spielball seiner Lust werden konnte. Wie sie. Und das würde ihn, den exklusiven Galeriebetreiber, ein Stück weit aus der Bahn geworfen haben.

Er griff in die unterste Schublade seines Schreibtisches und holte eine Packung Softtücher hervor.

Henny, nun doch leicht überrascht, erinnerte sich an ihren Gedanken von vorhin. Sie hatte sich ihn hier sehr gut als Chef vorstellen können. Und siehe da. Sie hatte recht gehabt.

Er reichte ihr die Tücher, zeigte dann mit dem Kopf auf eine kleine Tür neben dem Bücherregal. »Dort findest du ein Bad.«

Dankbar nickte sie ihm zu, nahm ihr Kleid sowie ihre Schuhe und verschwand durch die Tür. Sie machte sich wenig Hoffnung, ihn danach noch mal zu sehen. Bei all der stimulierenden Erotik und dem wunderbar erfüllenden Sex hatte sie ihn noch nicht einmal nach seinem Namen gefragt. Klasse. Also, kein Name und keine Telefonnummer.

Im Bad reinigte sie sich schnell, benutzte die Toilette, richtete ihre Frisur. Sie warf ihrem Spiegelbild einen Luftkuss zu und wollte so schnell wie möglich zurück zu Sammy.

Gerade als sie den Raum verlassen wollte, bemerkte sie, dass ihr geheimnisvoller Liebhaber komplett angezogen auf dem Sofa saß und scheinbar auf sie wartete.

Jetzt war sie doch ein bisschen verlegen. Sie blieb stehen und schaute ihn unter gesenkten Lidern hervor her an. Kaum hörbar flüsterte sie ein *Danke* und drehte sich in Richtung Tür, da hielt seine Stimme sie auf.

»Wohin so schnell, schöne Frau?« Er stand auf. Bewegte sich auf sie zu und berührte ihren Arm und ihre Hüfte.

»Zurück zu meiner Freundin.« Diese Erklärung hörte sich genauso albern an, wie sie sich jetzt gerade fühlte.

»Denkst du nicht, wir sollten diesen Abend gemeinsam ausklingen lassen?«

»Sollten wir?«

»Ja, sollten wir.« Er war sich seiner Sache sehr sicher. »Vielleicht können wir ja später eine zweite Sonderführung anstreben.« Er lächelte sie verschmitzt an und geleitete sie zur Tür hinaus.

Wilde heisse NachtSchicht

Sabine hatte es diese Woche wieder megadämlich mit den Nachtschichten erwischt.

Sie arbeitete gern nachts, der Betrieb lief ruhiger ab.

Die ganze stressige Hektik des Tages wie die Visiten, das Blutabnehmen und Röntgen fiel bei diesen Schichten weg.

Sie brauchte sich nur gelegentlich um Notfälle zu kümmern. Ansonsten mussten die Patienten versorgt, die Medikamente bereitgestellt und kleinere Nebenarbeiten erledigt werden.

So blieb ihr oft Zeit zum Lesen. Schwülstige romantisch-historische Liebesromane waren ihre Favoriten. Herrje, diese liebte sie abgöttisch. Aber diese Woche hatte es in sich, wer den Plan erarbeitet hatte, der war sicherlich mit dem Klammerbeutel gepudert worden. So ein Hickhack aber auch. Drei Nachtschichten, danach einmal frei, drei weitere Nachtschichten und dann ein kurzer Wechsel zur Spätschicht ... Hatte sie denn kein Leben mehr? Nein – eigentlich nicht. Arbeit – schlafen – Arbeit.

Sie war jetzt fünf Jahre in dieser Klinik, auf der Inneren Chirurgie, beschäftigt. Sie mochte diese Station, kam gut mit den übrigen Schwestern zurecht. Ebenso mit den Ärzten, die waren hin und wieder auch ein netter Anblick.

Biene wurde sehr oft als der gute Geist der Station bezeichnet. Sie mochte die Anerkennung, allerdings störte es sie auch, nie als etwas anderes betrachtet zu werden. Ihr wurden keine interessierten Blicke nachgeworfen, sie nie begehrlich berührt. Manchmal frustrierte es sie unglaublich.

Die Liebesromane waren zu ihrer Welt geworden. Ihre Helden suchte sie vergeblich im realen Leben. Die Liebhaber, na gut, ihre Dildos, in ihrem Bett hießen zurzeit *Dreamlover* und *Loveboy* oder so ähnlich. Durch die Nachtschichten war ihr soziales Leben auf ein Minimum geschrumpft. Nur noch gelegentliche Besuche bei ihren Eltern – das war's.

Aber jetzt wollte sie mit dem Lamentieren aufhören, sie machte die Arbeit doch gerne und die vielen Romane, die sie während dieser Zeit gelesen hatte, waren beachtlich.

Heute würde sie endlich den vierten Teil ihrer Lieblingsreihe anfangen können. Voller Vorfreude hatte sie sich das Taschenbuch mitgebracht.

Hier auf der Station herrschte ein Sommerloch. Von den zwanzig Betten waren sieben belegt. Ein entspanntes Arbeiten.

Einer ihrer derzeitigen Liebhaber hatte sich, still und heimlich, einen Platz in ihrer Handtasche gesichert. Sie frecherweise einfach zur Arbeit begleitet.

Manchmal, wenn eine Stelle in den Romanen ihr sehr unter die Haut ging, sie leicht kirre machte, zog sie sich in eins der leeren Zimmer zurück oder, wenn alles belegt war, auch mal in den Wäscheraum und beglückte sich für ein paar wahnsinnig aufregende Minuten selbst.

Ihr fehlte das Körperliche dabei, die Berührungen, das Küssen, vor allem das Streicheln danach.

Kurz nach ein Uhr, als alle Aufgaben erledigt gewesen waren und endlich Ruhe auf der Station eingekehrt war, setzte sie sich heute im Schwesternzimmer an den Tisch, hin und wieder machte sie es sich auch auf der Notfallliege bequem, und kramte ihr Buch aus der Tasche.

Sie las sich langsam in ihre Liebesgeschichte ein. Gerade als ihre Helden einen spannenden Dialog hatten, leuchtete die Alarmlampe auf.

Frustriert legte sie ihr Buch zur Seite, hievte sich aus ihrer Traumwelt zurück in die Realität. Seufzend ging sie zur Tafel, um zu schauen, welcher Patient sie unbedingt jetzt stören musste.

Na ja, sie wollte nicht ungerecht sein. Immerhin war das hier ihr Job.

»Frau Haller, was ist denn mit Ihnen los?« Mit einem freundlich-strengen Lächeln betrat sie das Zimmer und schaltete die Deckenbeleuchtung ein. Frau Haller lag alleine auf dem Zimmer, also wurde niemand gestört.

»Ach, Schwester Sabine. Ich bin so froh, dass Sie heute da sind!« Frau Haller sah wirklich nicht gut aus. Ihre Haut hatte eine ungesunde Farbe. Der Puls, den Sabine sofort überprüfte, gefiel ihr auch nicht.

»Frau Haller, Frau Haller, was machen Sie nur für Sachen?«

Routiniert begann sie, die Untersuchungen, die angeordnet waren, abzuarbeiten.

Puls, Blutdruck, Temperatur, abklären, ob Entzündungen sichtbar waren – Standard.

Nur leider beruhigten die Ergebnisse sie keineswegs.

»Frau Haller, da muss doch mal ein Arzt hinzukommen.« Sie wollte sich gerade abwenden, da legten sich kalte Finger um ihr Handgelenk.

»Gehen Sie nicht, Schwester Sabine!«

»Aber Frau Haller, wie soll ich denn dann Hilfe holen?« Beruhigend streichelte sie der älteren Dame über die Hand. »Ich komme gleich wieder!« Vorsichtig löste sie die klammen Finger, lief über den Flur zurück ins Schwesternzimmer und rief den diensthabenden Arzt an. Ihm schilderte sie die Symptome, die Krankengeschichte und brachte deutlich ihre Besorgnis zum Ausdruck. Der zuständige Doktor war schnell bereit, das abzuklären. Riet ihr, bei der Patientin zu bleiben, er würde sich umgehend auf den Weg machen.

Sabine nahm das tragbare Telefon gleich mit. Als sie das Zimmer der Patientin betrat hatte sich ihr Zustand nicht verbessert, eher verschlechtert. Die Operation vor zwei Tagen schien ihr sehr zuzusetzen.

»Frau Haller?« Vorsichtig sprach Sabine sie an. Mühsam öffnete die Angesprochene die Augen.

»Ach, Schwester, Sie sind es! Bleiben Sie bitte hier, mir ist so seltsam!« Sabine nahm Frau Hallers Hand, hielt sie in ihrer und redete beruhigend auf sie ein.

Mit jeder Minute, die verstrich, verschlechterte sich der Zustand. Leise fluchte sie in sich hinein. Ein paarmal überlegte sie, erneut den Arzt anzurufen und ihn zur Eile anzutreiben.

Langsam verging die Zeit. Natürlich war sie sich bewusst, dass sie in einem großen Krankenhaus arbeitete. Aber konnte er sich wirklich nicht beeilen?

Musste ausgerechnet heute ein Notfall sein? Kurz überkam sie ein Hauch Traurigkeit, der verflog aber schnell, als sie die leidende Patientin sah. Wenige Augenblicke später traf der Arzt ein. Natürlich *nur* ein Assistenzarzt. Das verunsicherte sie jetzt, Sabine hoffte aber, dass er Frau Haller genauso helfen konnte wie ein Oberarzt. Zu ihrem ganz persönlichen Pech war es auch noch der berüchtigtste Frauenschwarm der ganzen Chirurgie. Thomas Becker, der mehr durch seine Frauengeschichten als durch medizinische Glanzleistungen von sich reden machte. Wenn ihre Kolleginnen über ihn sprachen, nannten sie ihn immer *Tommy, den Großen.*

Wenn sie nicht so eine ausgeprägte Fantasie hätte, wäre ihr sicherlich die Frage rausgerutscht, warum er als *der Große* betitelt wurde. Das verkniff sie sich allerdings.

Tja, und nun stand er hier im Patientenzimmer das erste Mal ihr persönlich gegenüber. Beeindruckend war seine Erscheinung schon. Er war ungefähr einen Kopf größer als sie. Kräftig, nicht dick, aber muskulös. Das konnte man gut unter seinem eng anliegenden Arbeits-Kasack sehen. Kurze dunkle Haare, eine hohe Stirn, dunkle verruchte Augen und einen, für einen Mann, sehr erotischen Mund. Wundervoll geschwungene Lippen, die immer leicht zynisch lächelten. Nur jetzt gerade nicht. Viele der Schwester waren ja der Meinung, er trug die engsten Arbeitskittel, die es gab, damit sein runder, straffer Hintern zur Geltung kam. Eine Sekunde gönnte sie sich den Anblick. Aber hier ging es um Frau Haller.

»Doktor Becker, schön, dass Sie es so schnell geschafft haben.

Die Werte liegen auf dem Tisch.«

***

Als Tommy den Anruf bekam, maulte er innerlich. Er wollte doch heute einfach mal ausschlafen. Seit zwanzig Stunden war er im Dienst, übermüdet, hatte schlechte Laune und sein direkter Vorgesetzter hatte ihm mitgeteilt, dass er auch für die nächsten Wochenenden zur langen Schicht eingeteilt worden war. Er müsste ja noch nacharbeiten. So ein Scheiß.

Und dann musste er gleich den angeblichen Notfall aufs Auge gedrückt bekommen. *Mies* war ein guter Begriff, seine Laune zu beschreiben.

Dementsprechend mürrisch betrat er auch das Krankenzimmer. Die Krankenschwester, die ihn begrüßte, gab ihm den Rest. Musste es ausgerechnet die stationsheilige Schwester Sabine sein? Ein kurzes Aufstöhnen konnte er nicht unterdrücken. Zum Glück bekamen die zwei Frauen nichts davon mit.

Er betrachtete die Unterlagen, dann die Patientin. Er konnte mit Sicherheit feststellen, dass Schwester Sabine recht hatte, Frau Haller als Notfall einzustufen. Ihr Bauch gefiel ihm gar nicht, genauso wie ihre Vitalwerte. Alles äußerst besorgniserregend. Dass es Nebenwirkungen der Operation sein könnten, war definitiv nicht mehr auszuschließen. Vielleicht wäre ihm das alles entgangen, was er gut und gerne der Übermüdung und dem Frust zugeschrieben hätte. Im Stillen musste er bei Schwester Sabine für ihre gute Vorarbeit Abbitte leisten.

Es nutzte nichts, er erklärte sie zum Notfall und ließ sie auf die Notfallambulanz verlegen. Dort wusste er, dass die Ärzte alle möglichen Untersuchungen mehrmals durchführen würden.

***

Eine Verlegung wurde umgehend in die Wege geleitet. Sabine räumte schnell die Sachen von Frau Haller zusammen und legte sie auf ihr Bett, wo die Befunde schon gesammelt waren.

Sie drückte ihrer Patientin liebevoll die Hand und wünschte ihr alles erdenklich Gute.

Dann ging alles sehr schnell. Innerhalb einer Viertelstunde kam Frau Haller auf der Station an, wurde von oben bis unten durchgecheckt und man stellte fest, dass bei der Operation tatsächlich ein Wattetupfer vergessen worden war. Eine Not-OP rettete ihr das Leben. Bis zur Ausheilung sollte sie dann auf der Intensivstation verbleiben.

Sabine, immer noch leicht überrumpelt von den ganzen Geschehnissen der Nacht, kochte sich einen Tee, nahm sich im Vorbeigehen ihr Buch vom Tisch mit und ließ sich im Schwesternzimmer auf die dort stehende Pritsche fallen. Sie brauchte ein paar Minuten Auszeit.

Sie hatte sich die nächsten zwanzig Seiten wahrhaft verdient. Vertieft und völlig von der Geschichte gefesselt, vergaß sie ihren Tee. So verging eine Stunde wie im Flug, die sie in der Welt ihres Helden verbrachte.

Gerade war sie an einer höchst erotischen Stelle angekommen, als der Held seine Braut endlich ins Bett bekam. Gut, hier war es kein Bett, sondern ein Park, was sich Sabine, die bisher wenig intensive Erfahrung in ihren fast dreißig Lebensjahren gemacht hatte, megaromantisch vorstellte. Nachts, völlig alleine mit einem sexy Mann im Park, alles dunkel, nur die Wegleuchten verteilten einen gelblichen Schimmer in der Ferne. Sie konnte sich ausmalen, den Tau auf dem Gras zu spüren. Sie wünschte sich solche Erfahrungen für sich. Wehmütig seufzte sie.

Die Geschichte war so detailliert beschrieben, dass ihr selbst beim Lesen ganz heiß wurde. Die Liebesszene war so realistisch dargestellt, dass sie mit jeder Zeile tiefer in die fantastische Welt eindrang.

Mit einer Hand hielt sie das Buch, mit der anderen begann sie, sich zu streicheln. Langsam fuhr sie über ihren Körper, berührte ihren Busen, umkreiste die Nippel. Sie musste wissen, dass sie hier war, dass das, was vorhin so stressig gewesen war, ihr nicht zu naheging, sie nicht zu sehr bestürzte. Behutsam öffnete sie die obersten zwei Knöpfe an ihrem Kittel – einer inneren Eingebung folgend, hatte sie diesen gewählt –, streichelte ihre warme, hitzige Haut. Ließ ihre Finger über ihren Hals, weiter zu ihrem Dekolleté tanzen, fand ihre bereits steifen Brustwarzen und drückte sie fest.

Dann fuhr sie mit ihrer Hand unter ihren Kittel zu ihrem Bauch, berührte ihre leicht runde Taille, verschwand tiefer unter ihrem Hosenbund, glitt weiter zu ihrem Höschen. Sie trug sehr gern Spitzenhöschen, nur für sich selbst, leider hatte es schon seit langer Zeit keinen mehr interessiert. Was sie persönlich sehr schade fand.

Ihre Finger betasteten die teure Spitze und streichelten weiter darüber bis zu ihrem Schambein. Das massierte sie mit leichtem Druck, stöhnte dabei lautlos. Sabine warf den Kopf in den Nacken und war nicht mehr auf die Geschichte konzentriert.

Das Buch entglitt ihren zittrigen Fingern. Mit einer Hand schob sie ihre mächtigen Brüste aus ihrem BH, massierte ihre vor Sehnsucht prallen und steifen Nippel, die andere legte sie auf ihr feuchtes Höschen und drückte ihren Kitzler fest und unerbittlich.

Ihr Becken bewegte sie unruhig in leicht kreisenden Bewegungen.

Sie wollte mehr. Sie brauchte unbedingt ihren kleinen Liebhaber aus der Tasche.

Mit einem leichten frustrierten Seufzer nahm sie ihre Hände von den herrlich angeregten Körperstellen. Völlig in Gedanken an ihr bevorstehendes kleines Abenteuer, richtete sie sich auf, stützte sich von der Liege ab und suchte mit den Augen nach ihrer Tasche.

In Gedanken schon wieder auf der Pritsche, wollte sie nur ihr Spielzeug holen und es sich so schnell wie möglich erneut gemütlich machen. Sie hoffte inständig, nicht gestört zu werden. Das konnte peinlich enden. Darauf hatte sie wenig Lust. Die blöden Kommentare und Witzeleien würde sie nicht ertragen können, dann müsste sie wirklich die Klinik verlassen. Ihr Ruf wäre aufs Schlimmste geschädigt. Nicht nur auf der Station würde sie ihr Ansehen verlieren. Ihre – nicht unbedingten – Lieblingskolleginnen Tina und Anna waren bestimmt gerne bereit, den Weg für ihren Untergang zu ebnen. Zwar hatten sie sich nie wirklich etwas getan, aber manchmal war es so, da konnte man sich einfach nicht leiden. Und die gehässigen Blicke dieser beiden supertollen Schwestern, bäh, nein, daran wollte sie jetzt nicht denken.

Erst vor drei Monaten hatte sich eine Schwester aus der Chirurgie bei einer intimen Begegnung mit einem Pfleger erwischen lassen. Tina und Anna hatten die Arme so fertiggemacht, obwohl sie nicht einmal auf der Station hier arbeitete, das war furchtbar gewesen. Sabine musste eindeutig vorsichtiger sein, denn sie wollte nicht dasselbe erleben. Leider war der Reiz größer.

Jetzt aber wollte sie Spaß haben.

So erhob sie sich, die Hand schon nach ihrer Tasche ausgestreckt, da stand sie direkt vor Thomas, *Tommy, den Großen.*

Mit einem entsetzten Keuchen zog sie den halb aufgeknöpften Kittel über den Busen mit den immer noch aufgerichteten Nippeln und fiel rückwärts auf die Trage.

***

Thomas konnte sein Glück kaum fassen.

Zuerst war er stinkig gewesen, hatte keinen Bock gehabt, nochmals auf diese Station und zu dieser prüden Schwester zu gehen. Er hatte schon von ihr gehört. Hinter vorgehaltener Hand sprachen seine Kollegen und einige Schwestern von der *Heiligen* oder *Eiskönigin.* Persönlich hatte er bisher noch nichts mit ihr zu tun gehabt, was ihn auch nicht weiter gestört hatte.

Als er ihr vorhin aber gegenübergestanden hatte, hatte er sie eigentlich recht hübsch gefunden. Sie hatte eine ansprechende Größe, ihr imposanter Vorbau zeichnete sich deutlich unter dem Kittel ab. Ihre runden Hüften wiegten sich leicht beim Gehen. Er hatte ja eine Vorliebe für handfeste Weiber. Ihre mittelblonden Haare schmiegten sich in einzelnen Strähnen um ihr Gesicht. Und als sie ihn angeblickt hatte. Wow ... Diese grauen Augen. Schon bei der Erinnerung daran krochen angenehme Gefühle seine Schenkel hinauf.

Nur leider würde er es nicht auskosten können. Eiskönigin. Schade. Dass sie ihm gefiel, würde er gegenüber seinen Kollegen niemals erwähnen.

Aber die Patientin schien ihr am Herzen zu liegen, also wollte er sie schnell persönlich informieren. Und vielleicht ergab sich eine Möglichkeit, sich kurz mit ihr zu unterhalten.

Er suchte die Station ab, schaute schnell in die Zimmer, fand sie aber erst im Schwesternzimmer. Und was er dann entdeckte, verschlug ihm die Sprache. Von wegen prüde. Von wegen Eiskönigin.

Seit er die Tür geöffnet hatte, getraute er sich nicht, zu atmen. Leise betrat er den Raum, ließ die Tür hinter sich fast geräuschlos ins Schloss fallen.

Sie bemerkte ihn nicht. Wunderbar verführerisch lag sie auf dem provisorischen Bett. Streichelte ihren straffen, großen Busen. Als sich ihre Hände auch noch unter ihren Hosenbund verirrten, war sein Schwanz aufs Härteste erregt. Zum Anbeißen. Und genau das hatte er vor. Vorsichtig näherte er sich ihr.

Unvermittelt richtete sie sich auf. Schien ihn aber noch nicht wahrgenommen zu haben. Das konnte er an ihrem entsetzten Blick ablesen, als sie direkt vor ihm stand.

Wie sie so zurück auf die Pritsche fiel, ihr voller Busen dabei wippte, da wäre er beinah gekommen.

»Schwester Sabine«, seine Stimme hatte schon eine verdammt heisere Tonlage angenommen.

»Gehen Sie!« Sie versuchte immer noch, ihren Kittel über ihren Busen zu ziehen. Vor Verlegenheit überzog eine dunkle Röte ihre Wangen, die sich an ihrem Hals und zwischen ihren Brüsten fortsetzte. Er musste wissen, wie weit sie hinab reichte.

Vorsichtig sank er vor ihr auf die Knie.

Sein *Lass den Kittel offen!* krächzte er mittlerweile nur noch.

***

»Was wollen Sie?« Sabine war mehr als peinlich berührt, schämte sich vor ihm und konnte doch in seinen hellblauen Augen nichts als Gier und sexuelle Leidenschaft lesen.

Mit einem Mal hörte sie auf, an dem Stück Stoff zu zerren. Schaute ihm direkt in sein Gesicht und zweifelte nicht mehr an dem, was sie sah.

***

Die knappen dreißig Zentimeter überbrückte er auf Knien. Legte seine Hände auf ihre Knie und betrachtete sie von oben bis unten.

»Mir gefällt, was ich sehe!«, flüsterte er ihr zu. Dann bewegte er einzeln seine Finger auf ihren Schenkeln und streichelte Sabine in kleinen anregenden Kreisen. Fuhr immer weiter hinauf.

Dass er nicht auf Gegenwehr stieß, freute ihn am meisten. Seinen Kopf hebend, traf er auf ihren Blick. Sah, wie sich ihr Brustkorb schneller hob und senkte. Wie die prallen Brüste ihn anlockten. Leicht erhob er sich, in eine kniende Haltung, beugte seinen Oberkörper vor und presste seine Lippen ohne Vorwarnung auf diese weichen, großen, wie für ihn gemachten Busen.

Das entsetzte Aufstöhnen ließ ihn kurz innehalten. Er wollte nicht, dass sie ihn abwies, ihm diese köstliche Frucht entzog. Während er sie sanft nach hinten bog, suchten seine Arme, die ihren. Er umfasste ihre Handgelenke, hob sie über ihren

Kopf. Dabei schaute er ihr in die Augen und die leichte Panik in ihnen musste er unbedingt in Begierde umwandeln.

Zart presste er seine Lippen an ihr Ohr. Hauchte über die perfekt geformte Muschel. Die Gänsehaut, die sich augenblicklich auf ihrer Haut zeigte, ließ ihn die Vorfreude spüren. Sein Schwanz war mehr wie hart, der hatte sich in Beton verwandelt.

»Schwester Sabine, ich muss dringend ihre Werte kontrollieren!« Dabei steckte er ihr seine Zunge ins Ohr. Ein Ruck ging durch ihren Körper, hob sie beide fast von dem provisorischen Bett. Er hielt sie aber mit seinem Oberkörper auf der Unterlage.

»Tztztz ... Das ist leicht besorgniserregend, aber nicht aussagekräftig genug. Ich glaube, ich muss ihren Puls auch noch messen.« Mit dem Mund wanderte er über ihren Hals. Erforschte ihren schnellen Herzschlag mit seinen Lippen. Zeichnete mit seiner Zunge kleine Kreise auf ihre Haut.

***

Sabine wusste nicht, wie ihr geschah. Noch in den romantischen Sphären ihrer Liebesgeschichte versunken, war sie so erschrocken, als Doktor Becker vor ihr gestanden hatte. Nein, Thomas. So sollte sie ihn jetzt schon nennen, immerhin saugte er gerade an ihrem Hals. Welch köstliche und wunderbar geile Gefühle seine Berührungen in ihr auslösten.

Am liebsten wollte sie ihn sofort verschlingen. Sie hatte in dem Moment aufgehört, über Scham nachzudenken, als er sich vor ihr auf seine Knie begeben und lüstern auf ihren Busen gestarrt hatte.

Er hatte sie angesehen, als wären es die schönsten Brüste auf der ganzen Welt. Als gäbe es für ihn nichts anderes. Einen kurzen Augenblick war sie sich noch unsicher gewesen, ob das ein Scherz wäre. Aber wie er sich so intensiv an sie drückte, spürte sie seinen Penis und der war steinhart.

Sabine stöhnte leise auf. Reckte sich ihm entgegen. Obwohl sie es hinterher sicherlich bereuen würde und sich nachher bewusstmachen müsste, wie dämlich das hier war. Sie hoffte, dass er ihr dann keine Probleme machen würde. Doch in diesem Moment war es ihr furchtbar egal.

In ihrer Körpermitte sammelte sich eine Hitze, ein Summen, das gelöscht oder befreit werden musste. Und das dringend.

Während er weiter an ihrem Hals und Dekolleté küsste, saugte und leckte, presste sie ihren Unterleib gegen seinen Schwanz. Rieb ihr Schambein an seinen festen Schenkeln. Ihr Atem kam schon stoßweise.

»Herr Doktor, bitte, könnten Sie mein Herz abhören?« Sie ging auf sein Spiel von vorhin ein. Sollte er doch Doktorspiele an ihr praktizieren.

Tommy hob den Kopf, mit skeptischen Blick schaute er in ihr erhitztes Gesicht.

»Man sollte dem Arzt nicht vorschreiben, wie er jemanden zu untersuchen hat, meine Liebe. Das sollte doch bekannt sein.« Sein freches Lächeln hob die strengen Worte auf. »Nun, ich bin aber davon überzeugt, dass es nicht verkehrt ist, einen großen Check zu machen. Nach dem Abhören, wird mir nichts anderes übrig bleiben, als an anderen Stellen Fieber zu messen!« Erwartungsvoll schaute Sabine ihn an.

»Ist es ein großes Thermometer?« Sie konnte es sich nicht verkneifen. Den Gerüchten zufolge, musste er riesig sein. Dass sie selbst einmal in den Genuss kommen sollte, davon hatte sie bisher nie zu träumen gewagt.

Dass sie ihn mit dieser Frage ein wenig überraschte, sah sie an seinen leicht gehobenen Augenbrauen. Er musste doch wissen, was für Gerüchte über ihn im Umlauf waren.

***

Ja, er hatte mit etlichen Schwestern kleinere Affären gehabt. Sie hatten es ihm aber nicht schwergemacht. Und er liebte die Frauen. Na, und dieses Exemplar hier ganz besonders.

Sein *Überdimensional* klang dunkel und rau. Er konnte sehen, wie sich ihre Pupillen weiteten. Wie ihre schönen vollen Lippen sich leicht öffneten. Lange würde er es nicht hinauszögern können.

Unbedingt wollte er noch einmal diese herrlichen Brüste genießen. Angeboten hatte sie sie ihm gerade.

Mit einem leisen heiseren Seufzer drückte er sein Gesicht in die weichen, fraulichen Formen. Erkundete mit der Zunge das Tal zwischen ihnen. Umkreiste in immer kleiner werdenden Ringen ihre Warzen. Steil, fest und zart dunkel standen sie aufrecht und luden ihn ein, sie zu kosten, zu schmecken, in den Mund zu ziehen. Und genau das tat er.

Wie sie sich ihm entgegendrängte. Wie sie ihren Rücken durchdrückte, um ihm ihre Brustspitzen tiefer in seinen Mund zu pressen. Vor Verlangen stöhnte er ungehalten auf. Sie schmeckte nach Frau, nach Lust, nach Mehr.

Diese Brüste konnten sein Verderben werden. So groß, so weich, so herrlich nachgiebig. Sein Gesicht darin verborgen, atmete er nur noch sie ein. Ihre Haut, ihren Duft.

Ein Teil seines Gehirns, er vermutete es oberhalb des Brustkorbes, dachte an die Gefahr des Entdecktwerdens.

Aber nur kurz. Welches Gehirn war schon zum Denken fähig, wenn so eine Sahneschnitte unter einem lag und sich wollüstig an einem rieb?

Ein-, zweimal leckte er noch über ihre Brustwarze, dann ließ er endlich ihre Arme los, um sich gleich darauf, an ihren Hosen zu schaffen zu machen. Er mochte die Schwesternbekleidung. So schnell und einfach war sie an- und auszuziehen. Der Gummibund erleichterte ihm das Abstreifen der Hose über ihre vollen Hüften. Dass sie ihren Hintern auch noch leicht anhob, begünstigte die Angelegenheit nur noch. Den Slip, den er freilegte, konnte er nur staunend betrachten und pfiff anerkennend an ihrer Haut. Berührte den Stoff mit dem

Mund, drückte die feuchte Zunge dagegen und durchnässte ihn. Hauchte über die feuchte Stelle und ließ sie in einem erregenden Schauer nach dem anderen erbeben.

Mittlerweile lagen ihre Hände auf seinem Kopf, wühlten in seinen Haaren, zogen daran, wenn er eine besonders empfindliche Stelle erwischte.

Er glaubte schon, dass sie laut stöhnen würde, wenn sie könnte. In diesem Moment schwor er sich, es einmal drauf ankommen zu lassen und sich außerhalb des Krankenhauses mit ihr zu treffen. Wenn sie gewillt war. Wovon er stark ausging.

Solche Leidenschaft hatte er selten erlebt.

Er spreizte ihre Beine weiter, bedeckte das Spitzenhöschen mit vielen kleinen Küssen. Mit einer Hand fingerte er in seiner Tasche, dort hatte er noch ein scharfes Messer, das er vorhin nicht weggelegt hatte. Er entfernte gekonnt die Abdeckkappe und ließ diese fallen. Dann schob er seine Finger unter den filigranen Stoff, hob ihn an, bedeutete ihr, sie möge ganz still liegen bleiben, während er den Slip durchtrennte. Ein Schnitt, das Höschen gab nach und den Blick auf das frei, was er begehrte. Sie würde ihn vielleicht später dafür zur Rechenschaft ziehen, aber das war es ihm wert. Oh Mann. Als er dann noch die feucht glänzende Spalte darunter entdeckte, die komplett rasiert war, drückte er sofort seine gierigen Lippen darauf. Fuhr ihre Pussy mit reiner Wonne auf und ab. Knabberte an den Schamlippen, legte seine Zunge mit festem Druck auf ihren Kitzler. Je fester er drückte, desto mehr presste sie ihm ihren Unterleib an den Mund. Gerne hätte er seinen Finger in ihre Grotte geschoben, aber sie hielt seine Hände gefangen und schob sie zu ihren Brüsten. Er erreichte nur die Unterseiten, das schien ihr aber schon zu reichen. Leise stöhnende Laute drangen aus ihrer Kehle. Ihr Unterleib zuckte und ihre Busen wippten bei den schnellen Atemzügen.

Und seine hübsche, kleine, runde Krankenschwester bäumte sich auf, schlang ihre weichen Schenkel um seinen Kopf und zog ihn fester in ihre Mitte.

Das zarte Fleisch bebte noch im Rhythmus ihres Höhepunktes, da löste er sich vorsichtig von ihr, zog seine Hose bis zu den Knien und entließ endlich seinen vor Vorfreude schon einen Tropfen abgebenden Freund in die Freiheit. Rieb ihn an ihr, ließ ihn ihre Feuchtigkeit spüren, spielte kurz mit ihr, setzte ihn an ihren feuchten Eingang, nur um ihn dann wieder über ihre nasse Ritze auf und ab gleiten zu lassen, um dann seinen großen, harten Schwanz in sie einzuführen.

Die feuchte Enge umschloss ihn, hieß ihn willkommen.

***

Sabine öffnete ihre Schenkel noch weiter. Am liebsten hätte sie ihn komplett in sich hineingezogen. Der Mann machte sie wahnsinnig. Noch nie hatte sie so den Kopf verloren, überhaupt den Verstand oder auch nur die Vorsicht.

Seine Berührungen auf ihrer Haut waren mit nichts zu vergleichen. Wo er sie anfasste, brannte sie. Wo er sie küsste, zerfloss sie. Wo er sie anhauchte, flog sie davon. Ihr Körper gehörte nicht mehr ihr.

Zu spät bemerkte sie sein Attentat auf ihr kleines Höschen. Ausgerechnet das, das am teuersten gewesen war, hatte er einfach zerschnitten. So ein Mistkerl.

Die Entschädigung, die sie dafür bekam, war grandios. Wie sollte sie mit dieser Erfahrung umgehen? Wie ihm jemals wieder begegnen, ohne vor Scham rot anzulaufen? Geschweige denn in die Augen zu sehen oder mit ihm zu arbeiten? Darüber konnte sie nicht mehr nachdenken, als er seine Zunge auf ihren Kitzler legte. Ihre Gedanken waren wie die Feuchtigkeit ihrer Muschi. Flüssig. Nicht mehr haltbar und davonlaufend.

Ihr Höhepunkt war überwältigend.

So intensiv, so heftig. Nur mit Mühe konnte sie ein lautes Stöhnen unterdrücken. Bestimmt waren ihre Lippen jetzt wund.

Sich noch in den Nachwirkungen des Orgasmus aalend, sah sie ihn sich langsam aufrichten und dann in seiner beeindruckenden Größe vor sich knien. Sie hob etwas den Kopf und bestaunte seinen Schwanz.

Sein Spitzname war gerechtfertigt. Welch unerwartete Freude.

Mit seinem großen Teil liebkoste er ihre weiblichste Stelle. Was in ihr schon wieder eine innere Unruhe auslöste. Sein Auf- und Abreiben heizte ihre innere Hitze noch mehr an. Als er ihn nur leicht ansetzte und das Eindringen nur antäuschte, wollte sie ihn am liebsten auf sich ziehen oder sich ihm weiter entgegenpressen.

Langsam und doch zielsicher drang er dann endlich in sie ein. Weitete sie, genoss offensichtlich den Anblick, der sich ihm bot. Wie sich sein Schwanz in ihre feucht glänzende Spalte bohrte.

Als er begann, sich in ihr zu bewegen, mussten sie beide mit Bedauern feststellen, dass diese Pritsche dafür nicht geeignet war. Bei jedem Stoß knarrte, quietschte, bewegte sich der Unterbau.

Mürrisch blickte er sich im Raum um, nichts blieb außer den Stühlen, einem wenig vertrauenerweckenden Tisch oder den Wänden.

»Wo wollen wir weiter Fiebermessen? Stuhl, Tisch oder Wand?« Seine atemlose Stimme hallte in ihren Ohren nach. Völlig perplex starrte sie ihn an. Sie sollte wählen? Na ja, da sie von keinem der Orte eine Ahnung hatte, zuckte sie ergeben mit den Schultern.

Er schmunzelte, das konnte sie deutlich an ihrem Hals spüren, denn er hatte sich über sie gebeugt, um sie vor die Wahl zu stellen. Er beschnupperte ihre Haut, liebkoste sie und wartete auf eine Antwort.

»Der Doktor schreibt auf sein Rezept – Stuhl!« Damit zog

er sich aus ihr zurück, drückte sich mit den Armen hoch, streifte zügig seine Hosen ab, beugte sich über sie und reichte ihr seine Hand. »Komm, meine Hübsche. Ich zeige dir, wie das geht!« Willig nahm fasste sie zu, kam auf die Füße und ließ sich von ihm zum Stuhl begleiten.

Er setzte sich darauf, umfasste ihre Hüften, zog sie so vor sich, dass sie mit dem Rücken zu ihm stand, und ließ sie die Beine spreizen. Dirigierte sie auf seinen aufgerichteten Schwanz, hielt ihn mit einer Hand, wartete auf ihr Absinken.

Aber Sabine wollte das Auskosten. Langsam, Millimeter für Millimeter sank sie auf ihn hinab. Nahm ihn in ihrer weichen Höhle gefangen. Er bohrte sich in sie, weitete sie wieder. Sie hatte das Gefühl, er drang nicht nur in ihre Vagina, sondern tiefer. Dieses Gefühl beflügelte sie. Warum auch immer. Später würde sie sich eine Idiotin schimpfen, aber im Moment fühlte es sich perfekt an.

Mit dem langsamen Gleiten stimulierte sie all ihre Sinne. Eine seiner großen Hände stützte ihre Hüfte, die andere umschloss ihren Busen, knetete ihn, drückte mit der flachen Hand fest auf ihn und brachte so ihre empfindlich gewordene Brustwarze zum Glühen. Sie benötigte Stabilität und hielt sich an seinen Knien fest. Sah, wenn sie sich noch weiter nach vorn beugte, sein Eindringen in sie. Wie seine Hoden nahe ihrem Eingang stoppten, sich straff zusammenzogen und beim Hinausgleiten kurz entspannten. Sie fasste mit einer Hand um seine besten Stücke, die sich wunderbar prall anfühlten, umschloss sie mit ihren Fingern und wiegte sie behutsam. Streichelte über die eiförmigen Kugeln und zog sanft an der Haut, wenn sie sich strafften. Seine wilden Zuckungen waren eine Genugtuung.

»Stopp«, krächzte er. Sie blickte ihn erstaunt über die Schulter an. Sein Blick war vor Leidenschaft verhangen. »Dreh dich zu mir. Ich will deine Brüste küssen!«

Das ließ sich Sabine nicht zweimal sagen. Schnell war der Positionswechsel vollzogen. Dieses Mal war das Aneignen des Besitzanspruches von ihm an ihre Möse nicht langsam, sondern hart und schnell. Und beiden gefiel es.

Leicht beugte sie sich auf seinem Schoß nach hinten, bot ihm somit ihre ganze Weiblichkeit an.

***

Er genoss diesen Anblick, ließ ihn kurz auf sich wirken, dann steckte er seinen Kopf zwischen ihre Brüste, leckte an ihnen, küsste ihre Brustknospen, zog sie tief in seinen Mund ein. So gierig und aufgeputscht hatte er sich schon lange nicht mehr gefühlt.

Sein Arm umfasste ihre Hüften, hielt sie fest auf seinen Körper, bewegte sich immer heftiger. Sein Kopf auf ihrem Busen, stöhnte er verhalten auf. Was gab es Schöneres?

Dadurch, dass er sie eng an sich presste, entstand eine zusätzliche Reibung durch ihr Schambein. Sie erzeugte in ihm eine Reihe heller Blitze, die durch seine gesamte Blutbahn rasten. Er war elektrisiert.

Für einen Moment überlegte er, ob sie laut und leidenschaftlich Keuchen würde, er jedenfalls hätte es liebend gern getan. Ihr gezeigt, wie wundervoll es sich anfühlen könnte. Ein Lichtblick seiner Vernunft erinnerte ihn aber daran, wo sie sich befanden, und so kam nur ein sehr verhaltenes Wimmern zustande.

Ihm reichte es, er verlagerte seine Position minimal nach hinten, betrachtete sie von oben bis unten, ließ seine Hand zwischen ihre Körper gleiten. Genau zu der Stelle, an der er in sie stieß. Massierte ihren kleinen, geschwollenen Kitzler und sah mit Wonne, wie sie sich versteifte, sich jeder Muskel in ihr zusammenzog, sie sich so fest um ihn schloss, dass er das Gefühl hatte, sie schnürte ihn ab. Sie sank gegen ihn und drückte ihren Kopf in seine Halsbeuge.

Das war zu viel für sein bestes Stück.

Mit voller Wucht kam er und verströmte sich tief in ihr.

Das Zucken seines Gliedes bewegte selbst ihren Unterleib mit. Das unterdrückte Stöhnen kroch als Brummen in ihm hoch.

***

Sabine getraute sich nicht, sich in irgendeiner Form zu bewegen. Wenn sie sich zurückzog, verlor sie seine Fülle. Das wollte sie um keinen Preis riskieren.

Ihren Kopf, den sie während ihres Höhepunktes an seinen Hals gepresst hatte, lag noch an dieser Stelle. Sie wollte ihn nicht ansehen müssen.

Peinlich. Sollte sie etwas sagen? Oh Gott, wie benahm man sich in so einer Situation?

Immer noch saß sie auf seinem Schoß, er tief in ihrem Körper.

»Schwester Sabine.« Als er sich räusperte und ihren Namen aussprach, kam sie sich unendlich dumm vor.

Sie schüttelte betreten den Kopf, hob ihn immer noch nicht und versuchte, ihn nicht ansehen zu müssen.

***

»Es tut mir unendlich leid.« Er bemerkte ihre Betretenheit. Hielt sie jedoch weiter auf seinem Schwanz gepfählt. »Ich glaube, Sie haben sich da eine ziemlich schwere Krankheit zugezogen. Um die Behandlung zu vervollständigen, werde ich wohl Hausbesuche anberaumen lassen. Wie sieht es terminlich aus?«

Ihr Kopf ruckte nach oben, dabei stieß sie an sein Kinn.

»Autsch.« Er rieb sich die angeschlagene Stelle. »Du musst mich nicht gleich umbringen.« Die andere Hand lag noch an ihrer Hüfte, sie waren selbst jetzt noch auf intimste Weise miteinander verbunden. Und obwohl er einen sehr fantastischen Orgasmus gehabt hatte, blieb er hart. Diese Frau reizte ihn auf erstaunliche Weise.

***

Sabine war immer noch sprachlos. Mit dieser Entwicklung hatte sie sicherlich nicht gerechnet.

Sie glaubte nicht recht an dieses Szenario. So schnell erfüllten sich keine Wünsche. Vielleicht war sie einfach im Schwesternzimmer auf der Liege eingeschlafen und träumte diese ganze Szene nur. Ja, so würde es sein. Etwas anderes war überhaupt nicht vorstellbar.

Aber wieso fühlte sich dann sein Körper so realistisch an, sein Penis in ihr so schockierend gut?

»Du bist nicht meiner Meinung?«

»Welcher Meinung?« Ihre Glieder fühlten sich wohlig schwer und träge an. Es reichte schon, dass sie bald aus dem Traum erwachen musste, sollte sie auch denken müssen?

Seine Lippen auf ihrer Haut, sein Körper unter ihren träge dahinwandernden Fingern.

»Hallo? Sabine.« Die Zärtlichkeit, mit der er ihren Namen an ihrem Ohr flüsterte, bestärkten ihr Annahme von einem Traum.

Sinnlich und nicht bereit, die Wahrheit zu akzeptieren, kreiste sie leicht ihre Hüften.

***

Er wollte zu gern eine zweite Runde mit ihr hinlegen, allerdings würde man sie beide sicherlich bald vermissen. Die Unannehmlichkeiten, die dann folgen würden, sollten nicht heraufbeschworen werden.

Ein letztes Mal presste er sich tief in sie. Küsste ihre Busen, ihren Hals, zum Schluss legte er das erste Mal seine Lippen auf die ihren. Tief drang er mit der Zunge in ihren sinnlichen Mund ein. Stöhnte wollüstig an ihm. Bis er sich endgültig von ihr zurückzog. Sie zum Aufrichten animierte und ihre warme, feuchte Höhle verließ. Welch Verschwendung, welch Verlust.

Bedauerlicherweise blieb ihm nichts anderes übrig. Er musste dieses Mal der Vernünftigere sein, das extrem erotische Spiel unterbrechen und sich wieder in die Arbeit stürzen. Es schien ihm, als könnte sie sich in ihm verlieren. So – wie er es in ihr getan hatte.

Sie stand vor ihm. Es erweckte den Anschein, dass sie immer noch nicht völlig ansprechbar war. Er hoffte, dass er es durch seine Liebeskunst veranlasst hatte. Jetzt musste er schmunzeln. Laut den Gerüchten konnte er von sich behaupten, ein guter Liebhaber zu sein.

»Wann hast du Feierabend?« Er war wieder komplett angezogen. In der Zeit hatte sie sich etwas gefangen und war dabei, ihre schönen Möpse unter den Kittel in ihren BH zu heben. Ungläubig starrte sie ihn an. Während sie ihre Kleidung richtete, schien sie sich weiter von ihm zu entfernen. »Hey, Sabine? Was um alles in der Welt tust du da?«

***

Sabine schämte sich gerade in Grund und Boden. In der Zeit, in der er sich angezogen hatte, war es ihr gelungen, hinter den Schreibtisch zu treten. Eine Barriere, die ihr endlich verdeutlichte, dass das hier kein Traum war.

»Es tut mir leid«, stammelte sie vor sich hin.

»Was tut dir leid?« Er schien wirklich nicht zu wissen, wovon sie sprach.

»Ich hoffe, Sie haben keinen falschen Eindruck von mir bekommen.« Ihr Gesicht wurde plötzlich glühend heiß. Sicherlich überzog eine tiefe Röte ihre Wangen. »Oh Gott, Sie haben jetzt bestimmt einen falschen Eindruck von mir«, flüsterte sie am Boden zerstört. Sie senkte den Blick, wollte in das kleinste Mauseloch kriechen, das vorhanden war. Gut, sie hätte wahrscheinlich nicht hineingepasst. Was noch ärgerlicher und peinlicher war.

Sie suhlte sich direkt in ihrem Selbstmitleid.

Dass er sich ihr näherte, bekam sie dadurch nicht einmal richtig mit. Plötzlich packte er sie von hinten. Umschlang ihren Körper und flüsterte eindringlich in ihr Ohr: »Ich habe einen Eindruck gewonnen!«

Mit einem heiseren Aufschrei wollte sie sich von ihm lösen, ihm entfliehen. Verdammt, so wie in diesem Augenblick hatte sie sich noch nie ihn ihrem Leben geschämt. Nicht einmal damals, als ihre Oma beim Bettenmachen ihren Dildo gefunden hatte.

Sie fing leise zu weinen an. Tränen rannen unaufhaltsam über ihre Wangen.

***

»Mensch, Sabine, jetzt übertreibst du aber.« Zärtlich hielt er sie mit seinen Armen umfangen. Er drehte sie zu sich, drückte ihren Kopf an seine Brust. Streichelte beruhigend über ihren Rücken. Berührte sanft ihre für ihn so perfekte Taille. Legte seine Lippen auf ihren Scheitel und murmelte zärtliche Worte.

Er wollte ihr sagen, was ihm diese Minuten gegeben hatten. Dass er völlig überrascht gewesen war. Sie ihn aufs Schärfste angetörnt hatte.

Plötzlich wurde die Tür des Schwesternzimmers aufgerissen.

»Schwester Sabine, Zimmer 365a wartete seit fünfzehn Minuten auf sie!« Dieser forsche und unfreundliche Ton kam von der Oberschwester, die ausgerechnet heute eine Stunde eher ihre Runde lief.

Keine Sekunde später erfasste sie die Situation und ein entrüstetes *Schwester Sabine!* stand im Raum. Sie, die ständig auf Disziplin und Ordnung achtete, empörte sich durch ein missbilligendes Schnauben.

Langsam nahm Thomas seine Arme von ihr. Trat zur Seite, zwinkerte ihr heimlich zu, an der Tür drehte er sich um, warf ihr eine Kusshand zu und rief nur ein *Bis später.*

***

Sie wurde mit einem bitterbösen Blick von ihrer Vorgesetzten bedacht. »Ich verbitte mir jegliche sexuellen Beziehungen hier auf der Station. Haben Sie mich verstanden?« Der Ton wurde eine Spur schärfer.

Leicht eingeschüchtert, drängte sie sich an der anderen Frau vorbei, fluchtartig verließ sie den Raum. Stürzte sich auf den nächsten Patienten und versuchte vergeblich, die kleinen erotischen Impulse in ihrem Bauch und die anzüglichen Gedanken zu verbannen. Sie in den hintersten Winkel ihres Bewusstseins zu verschieben.

Die Routine schaffte es, einen ziemlich störfreien Ablauf zu garantieren. Leider. Denn zu gern hätte sie ausgiebig darüber nachgedacht, jedes Detail wieder und wieder durchlebt. Sich an den Erinnerungen von dieser Nacht aufrecht gehalten. Würde sie jemals wieder diese Sinnlichkeit, diese sexuelle Erregung erfahren?

Sie konnte immer noch nicht glauben, was sie mit ihm getan hatte, was sie ihm gestattet hatte. Ohne Gegenwehr. Ohne Komplexe.

Inständig hoffte sie, dass ihre Chefin nicht zu viel hineininterpretieren würde und wenn dann erst mit ihr sprach. Da würde sie sich eine plausible Erklärung ausdenken müssen. Sie war emotional extrem aufgeladen und er von der Situation überrumpelt gewesen, tröstete sie sich kurz. Mehr war da nicht gewesen ... Ehrlich!

Gott sei Dank blieb ihr in dieser restlichen Nacht keine Möglichkeit, länger über die Sache nachzudenken. Zwei Zugänge mussten aufgenommen und medizinisch versorgt werden.

Endlich war diese verflixte Nachtschicht zu Ende. Die Übergabe verlief reibungslos. Jetzt wollte sie nur heim, ins Bett und schlafen.

Nachdenken auf keinen Fall.

Freundlich grüßte sie die zwei Kolleginnen am Empfang, winkte ihnen zu. Diese wünschten ihr einen guten Heimweg, ausreichend Schlaf und schöne Träume. Das war so ihr Standardsatz. Sabine antwortete dagegen immer, dass sie viele fragende Menschen und Anrufe erhalten mögen. Dann drohten sie ihr jedes Mal mit dem Zeigefinger und lachten fröhlich.

Ob sie, wenn doch getratscht werden würde, sie immer noch so nett grüßen würden? Jetzt lächelte sie ein wenig gezwungen.

Sie hatte ganz schönen Mist gebaut. Verflixt. Während des Winkens drehte sie sich mit Schwung in Richtung Ausgang und prallte gegen eine harte Brust. Der dazugehörige Körper umfing sie sofort mit starken Armen, damit sie nicht stürzte, und eine Stimme raunte ihr zu: »Hast du es so eilig, zu mir zu kommen?«

Erstarrt lag sie an seinem Körper. Hier im Foyer des Krankenhauses, wo jeder sie sehen konnte, wo ausgerechnet jetzt zum Schichtwechsel alle vorbeimussten, hielt er sie fest.

»Was tust du hier?« Dem Schock zugutehaltend, duzte sie ihn. Na, er hatte immerhin schon Dinge von ihr gesehen, die sonst keiner zu Gesicht bekam, da konnte sie ihn auch duzen.

»Auf dich warten!« Antwortete er und genüsslich drückte er seine Nase an ihren Hals.

»Bist du verrückt?« Sie war geplättet. Durch den Wind!

»Ja, nach dir!«

So musste es sich anfühlen, wenn einem das Herz im Leibe stehen blieb. Sie brauchte einen Notarzt – schnell.

***

Die Irritation, die Zweifel waren deutlich in ihrem Gesicht abzulesen. »Nach mir?«

»Okay, mach es mir nur nicht zu leicht!«

»Ich verstehe das alles nicht! Was soll ich dir nicht zu leicht machen? Ich ...« Er verschloss ihren Mund mit einem Kuss.

Mitten im Eingangsbereich ihres Arbeitsplatzes.

Sie versuchte, die Hände an seine Brust zu legen, wollte sich von ihm wegdrücken. Da umfasste er sie noch fester. »Bleib!«, raunte er nah an ihrem Ohr.

***

»Ich hole dich ab, bringe dich nach Hause, liebe dich ausgiebig, lasse dich schlafen, liebe dich wieder, bringe dich zur Arbeit ... hole dich ab, wenn es mit meinem Dienst übereinstimmt, liebe dich wieder. Na, ein Kreislauf, so nennt man das, glaube ich!« Er strich sich nachdenklich über sein Kinn. »Ach ja, außerdem verlange ich eine Schadensersatzleistung. Mein Kinn ist bestimmt gebrochen – mehrfach!«

Diese kurze Rede warf sie endgültig aus der Bahn. Er war verrückt – eindeutig.

»Du bist wahnsinnig! Hast du getrunken? Oder an den Medikamenten geschnüffelt?« Genauso sah sie ihn auch an.

»Nein – habe ich nicht, vielleicht sehe ich heute das erste Mal richtig klar.«

»Wie meinst du das?«

»Ich glaube, ich habe heute Nacht meinen Messias gefunden.«

»Deinen was? Ich dachte, du hast mit mir geschlafen?« Sie konnte nicht anders, sie musste ihn aufziehen und dabei anzüglich lächeln.

Irgendwie schienen sich die Empfindung der letzten Nacht durch seine Umarmung in Luft aufzulösen. Alle negativen Emotionen verpufften.

Die vielen neidischen Blicke der vorbeieilenden Kolleginnen entgingen wohl beiden. Für sie begann ein neues Abenteuer.

Die willige Architektin

Holly seufzte schwer. Ihr Seniorchef machte es ihr heute aber wirklich nicht leicht. Seit Wochen wurde sie mit Arbeit zugeschüttet. Sie hoffte, dass es nur ein Test sein würde für die

Anwartschaft der Partnerschaft: Welcher der Kandidaten dem Druck standhielt.

Wie zum Teufel sollte sie das alles aufarbeiten?

Frustriert stützte sie die Ellenbogen auf den Tisch, faltete ihre Hände und legte den Kopf darauf.

Eigentlich liebte sie ihre Arbeit. Bauzeichnungen anzufertigen, die Statik zu berechnen, zu sehen, wie aus einfachen Strichen auf dem Papier Bauwerke in der Stadt wurden. Wenn sie dann daran vorbeifuhr und wusste, dass sie einen Teil davon erschaffen hatte, war sie so verdammt stolz auf sich. Nur ab und zu konnte sie kein Papier mehr sehen.

Allerdings wollte sie unbedingt den Posten des Juniorpartners haben, dafür würde sie so einiges auf sich nehmen. Das ganze Architekturbüro Dreyer wusste, dass nächstes Jahr diese eine Stelle frei werden würde. Leider gab es drei aussichtsreiche Bewerber für den Job.

Einer davon war sie. Was sie ein wenig verunsicherte, war, dass sie die jüngste von den dreien war. Mit ihren sechsundzwanzig Jahren verdammt jung und hier zählte Berufserfahrung.

Nur stellte sie sich mittlerweile die Frage, was sollte sie alles dafür aufgeben? Wann hatte sie sich das letzte Mal mit ihren Freunden getroffen? Wann den letzten Sex gehabt? Sie strich sich über die Stirn. Zum Teufel – das war Monate her!

Monate!

Seit ihrer Entjungferung auf dem College hatte sie keine so lange Trockenperiode mehr gehabt. Die Arbeit fraß ihre Zeit auf. Sie kam ja kaum noch raus. Geschweige denn zu einem Date.

Sexuelle Frustration.

Na, prima.

Holly sah auf den Stapel Akten mit verschiedenen Projekten auf der einen und auf den Berg Zeichnungen auf der anderen

Seite. Sie konnte sich entscheiden. Die Akten verhießen einen Tag hinter dem Schreibtisch. Die Zeichnungen bedeuteten frische Luft, Staus, ständige Kontrollanrufe und sich mit richtigen Menschen herumzuärgern. Denn selten machten die Leute auf der Baustelle das, was in den Zeichnungen angegeben war. Sie kamen dann immer mit denselben Ausreden: nicht realistisch, nicht umzusetzen, nicht machbar.

Aber sie kam raus aus diesem Büro und weg von den alten, leicht verklemmten Arbeitskollegen. Sie legte sich die Zeichnungen auf den Tisch und zählte im Geheimen den alten Kinderreim *Ene, mene, muh* auf. Die letzten Blätter, über die sie mit den Fingerspitzen glitt, würden ihr ihr heutiges Tagesziel verraten.

Langsam und bedächtig schritt sie an dem Schreibtisch entlang.

»Eeeene ...« Die erste Zeichnung hätte sie sich sowieso nicht freiwillig ausgesucht, der Zufall meinte es gut mit ihr.

»Meeene ...« Die nächsten Blätter berührte sie flüchtig.

»Muh ...« Sie musste langsam über sich selbst grinsen. Albern. Ging aber Schritt für Schritt weiter.

»Und ...« Langsam kam sie zum Ende der Reihe.

»Raus bist ...« Noch zwei Blätter.

»Du!« Mit spitzen Fingern zog sie die Zeichnung hervor. Las die darauf gedruckte Adresse und freute sich, da sie jetzt, bei dem schönen Wetter, die Möglichkeit hatte, ihr Büro zu verlassen, weil die Anschrift etwas außerhalb lag.

Diese Baustelle war eine Problembaustelle. Alle angeordneten Zeichnungen kamen erst einmal zurück. Da der zuständige Bauleiter an der Ausführung, der Planung und manchmal sogar an der Anzahl der Durchschläge rumzunörgeln hatte. Sie freute sich regelrecht darauf, diesem speziellen Bauleiter einmal persönlich gegenüberzutreten. Vielleicht legte sich dann seine Garstigkeit – oder sie nahm zu. Holly speicherte die Adresse auf ihrem Handy, legte die Unterlagen in eine dafür vorgesehene Mappe und angelte im Vorbeigehen nach ihrem Jackett.

Mister Dreyer war ein Chef, der die Emanzipation nicht so ernst nahm. In seinem Unternehmen gab es keine Frauenquote und schon gar keine Feministinnen. Seine Sekretärinnen sollten adrett, anständig und über vierzig sein.

Durch den gutgemeinten Zuspruch ihres Onkels hatte Holly die Chance bekommen, ein Jahrespraktikum hier zu absolvieren. Und dass sie genau wusste, was sie wollte, das schien ihm auf eine eigentümliche Art und Weise imponiert zu haben.

Ihre Arbeit überzeugte, dass es ihr Spaß machte, merkte man, und endlich war sie so weit, sich für den Job als Architektin und Bauzeichnerin dort ganz oben zu bewerben.

Auf dem Weg zu ihrem Wagen meldete sie sich ab, gab die Adresse der Baustelle an, bekam im Sekretariat ihren Freistempel (der besagte, dass sie auf Außendienst wäre und nicht unentschuldigt fehlte) und machte sich endlich los. Immerhin wollte sie den Mann auf dem Bau antreffen.

Anderthalb Stunde später bog sie von der Hauptstraße in die Baustellenzufahrt ein. Verwundert darüber, dass ihr Wagen der Einzige in der Einfahrt war, stieg sie aus.

Ein wenig planlos stand sie mitten auf dem Platz, als plötzlich scharf hinter ihr gepfiffen wurde.

»Das ist Privatgelände, scheren Sie sich runter, der Einkaufstempel ist drei Straßen weiter!« Holly drehte sich langsam um. Nette Begrüßung. Sie hatte die Person, welche gepfiffen hatte, noch nicht zwischen den Stahlträgern und Gerüstteilen ausmachen können.

»Na, Täubchen, los, setz deinen hübschen Hintern in Bewegung!«

Täubchen? Hübscher Hintern? Dem Kerl trommelten wohl die Locken! Provokativ stellte sie sich breitbeinig vor ihren Wagen, verschränkte die Arme und ließ ihren Blick in Richtung des irgendwann mal fertigen Gebäudes schweifen. Noch standen nicht mehr als die äußeren Stahlträger und nur die unteren Böden waren eingebracht worden. Etwas gespenstig wirkte es schon, vor allem, da es so verlassen schien.

Wenn sie sich vorstellte, dass hier in ein paar Monaten hunderte von Menschen arbeiten sollten, wurde ihr schon ein wenig stolz ums Herz.

Dem Gepolter zufolge, hatte ihr Auftauchen ihn so in Rage versetzt, dass er sein Werkzeug fallen gelassen hatte oder über etwas gestolpert sein musste. Laut fluchend hörte sie, wie im Gebäude irgendetwas nachgab – waren es Arbeitsmittel oder eine Leiter? Zumindest bereitete es einen höllischen Lärm. Einen kurzen Moment machte sie sich Sorgen, der Mann wäre gestürzt und könnte jetzt verletzt in dem großen Bauwerk liegen.

In diesem Moment konnte sie ihn schon, auf Höhe der vorletzten Etage, die provisorischen Treppen herunterlaufen sehen. Ein Vorteil, wenn die Wände noch fehlen.

Ihr gefiel dieses Schauspiel und sie konnte nicht abwarten, wie es weiterging. Allein diese Szene hatte ihren Tag erheitert. Holly überlegte kurz, ob sie sich wegdrehen und provokativ im Spiegel anschauen sollte. So auf eine Art *Täubchen,* wie er es gerne hätte. Ein freches Schmunzeln huschte über ihr Gesicht, denn sie hatte eine weitaus bessere Idee.

Mittlerweile hatte der Bauarbeiter das Erdgeschoss erreicht und kam zügigen Schrittes den Eingangsbereich entlang. Lief über die Zufahrt und in Richtung ihres Wagens.

»Sie verstehen wohl kein Deutsch, Täubchen?«, sprach er sie in einem überaus abfälligen Ton an.

Holly wäre nicht Holly, wenn sie ihre Chance nicht nutzen würde. Denn der Kerl sah attraktiv aus. Nicht mehr der Jüngste, gut und gerne in den Vierzigern. Kurze, graumelierte Haare, ein passender Dreitagebart und ein breites, fast bulliges, aber freundliches Gesicht. Welches natürlich gerade nicht so freundlich schaute. Aber darüber hinaus durchweg sympathisch war.

Er hatte typisch breite Bauarbeiter-Schultern, ein ausgeprägtes Kreuz und einen kleinen Bierbauch. Nicht übermäßig groß, aber unter dem T-Shirt leicht angedeutet. Er trug beige-orangefarbene Sicherheitskleidung, fast wirkte sie wie eine Uniform an ihm. Und Männer in Uniform ... Oh, là, là.

Holly hatte sich die Jacke ausgezogen und demonstrativ durch das offene Autofenster geworfen. Sie kehrte zu ihrer vorherigen Körperhaltung zurück. Leicht breitbeinig und mit verschränkten Armen.

»Non, ma chéri, isch 'abe Probleeeme mit, wie sagte man dieser Spracheee.« Sie gab sich sehr viel Mühe, nicht laut loszulachen.

»Wollen Sie mich verarschen?«

»Sie haben damit angefangen!« Jetzt konnte Holly nicht anders und musste einfach kurz kichern.

»Was machen Sie hier auf der Baustelle? Fahren Sie Ihren Wagen weg und zwar husch, husch ... Sie könnten vielleicht noch Ihre schicke Bluse beschmutzen.« Der Mann gegenüber hielt seine Hände in die Luft und deutete auf Höhe ihres Busens eine anzügliche Kreisbewegung an.

Allein diese Geste durchzog Holly mit einer heißen Woge des Begehrens. Verflixt, es war wirklich schon viel zu lange her. Sie musste das hier schnell hinter sich bringen, dann nahm sie sich vor, heute Abend in eine Bar zu gehen, um zu sehen, wie sich der Abend entwickeln würde.

Ja, der Plan war gut.

»Ich komme vom Architekturbüro Dreyer. Wir haben dem Bauleiter Zeichnungen zugeschickt, die ich gern mit ihm abgleichen und eventuelle Änderungen übernehmen würde. Ist der Bauleiter denn da?« Holly drehte sich leicht um sich selbst im Kreis. »Wo sind überhaupt die anderen Bauarbeiter, Kranführer, Baggerfahrer?«

Verlegen kratzte sich ihr Gegenüber am Kopf.

»Die haben heute schon gegen Mittag Schluss gemacht, läuft doch das große Spiel am Abend, sie wissen schon, die Eintracht gegen den SV.« Holly sah ihn erstaunt an.

»Keine Sorge, die Stunden wurden vorgearbeitet. Einige werden sie nacharbeiten. Alles im grünen Bereich. Und der Bauleiter, der steht vor ihnen.« Er hob die Finger in die Luft und setzte das Gesagte in Anführungsstrichen. »Ersatzbauleiter – der Peters ist seit einer Woche krank. Na ja, und einer muss ja hier die Stellung halten. Ich stehe außerdem auf anderen Sport.« Dass er sie ärgern wollte, war ihr sofort klar. Der anzügliche Blick war gewollt.

»Und warum erfährt das Planungsbüro solche Sachen nicht?« Er zuckte mit den Schultern und sein Gesichtsausdruck wurde ratlos.

»Davon habe ich keine Ahnung. Mist, ich habe erst vor einem Monat hier angefangen. Bekomme ich deswegen jetzt Ärger?« Holly ließ ihren Blick über die gesamte Baustelle wandern.

»Ich denke nicht, wenn Sie mir das unterzeichnen, was wir hier vereinbaren, dann sind Sie und ich aus dem Schneider.« In Holly keimte eine Idee. Der Kerl gegenüber war attraktiv und Bauarbeiter hatten doch sowieso ihr eigenes Image.

Sie konnte nur hoffen, dass er nicht abgeneigt war. Aber das würde sie in den nächsten Minuten herausbekommen.

»Gibt es hier eine Art Besprechungsraum? Wo wir die Unterlagen ausbreiten und durchgehen können?« *Ganz alleine auf der großen Baustelle mit diesem heißen Kerl. Holly – du hast zu viel Fantasie.* Sie musste über sich selbst schmunzeln.

»Klar, haben wir den. In der ersten Etage wurden provisorische Wände eingezogen, da können wir hin.« Er zeigte nach oben.

»Na, hervorragend. Dann schnappe ich mir jetzt meine Mappe und folge Ihnen unauffällig.«

Während der große Mann vor ihr herlief, betrachtete sie mit Wohlwollen seinen festen, straffen Po. Ein hübscher Hintern. Der Gedanke von vorhin breitete sich warm in ihrem Bauch aus.

Vielleicht ging sie nachher doch aufs Ganze.

»Hier entlang, noch einmal abbiegen, dann sind wir da.« Er zeigte mit der Hand in die angegebene Richtung und lief weiter voran.

Gleich darauf betraten sie gemeinsam einen provisorischen Raum, in dessen Mitte mehrere breite Tische zusammengestellt worden waren.

Holly fühlte das Kribbeln in ihrem Bauch, ihre Nippel stellten sich alleine bei dem Gedanken an seine großen und sicherlich von der Arbeit rauen Hände auf.

In ihrer Vorstellung waren die Tische für so einiges geeignet. Und sie sah garantiert nicht nur ihre Zeichnungen darauf ausgebreitet liegen.

Sie hoffte vor allem Dingen, dass der Kerl ihre Erregung nicht zu deutlich mitbekam. Oder sollte er doch? Was würde geschehen, wenn sie die Bluse öffnete? Sich seine Hände auf ihre Brüste legte? Sich ihm anbot. Vorschlug, sie zu nehmen, in sie zu stoßen, ihrer gestressten Enthaltsamkeit ein Ende zu setzen.

Ihren Atem zog sie leicht zittrig ein. Feuchtigkeit sammelte sich zwischen ihren Schamlippen. Ihre Freundinnen würden jetzt sagen, sie wäre fickrig. Und sie hätten so was von recht.

Die Mappe legte sie auf den Tisch. Räumte die Zeichnungen allerdings nicht heraus, drehte sich suchend zu dem *Vertretungsbauleiter* um.

Als sie sich umsah, stand er direkt vor ihr. So dicht, dass sie nur die Hand heben musste, um ihn zu berühren.

»Wie lange dauert so eine Besprechung mit einem Bauleiter?« Oha, scheinbar war seine Fantasie ihrer nicht ungleich. Denn als sie ihren Blick an seinem Körper hinabgleiten ließ, sah sie unverkennbare Argumente.

»Stundenlang – manchmal den ganzen Nachmittag, selten können wir uns sofort auf einen Vorschlag einigen.«

»Das hört sich nach echter Anstrengung an. Ich werde in meine Aufgabe als Bauleiter stetig hineinwachsen.« Sie schienen wirklich auf der gleichen Wellenlänge zu liegen. Sie musste sich ein Lächeln verkneifen, hob wieder den Blick und sah in seinen Augen pures Verlangen. Er hatte schon einen verhangenen Schlafzimmerblick.

Das liebte sie an Männern. Dass man ihre Leidenschaft in den Augen sehen konnte. Und nicht nur da.

Sie konnte nicht anders. Langsam öffnete sie ihre weiße Bluse. Knopf für Knopf ließ sie durch die entsprechende Öffnung gleiten. Als sie auf Höhe ihres Busens war, hörte sie, wie er scharf die Luft einsog.

Das animierte sie nur, weiterzumachen. Als sie bei ihrem Bauchnabel angelangt war, sah sie aus dem Augenwinkel, wie er sich sein T-Shirt vom Leib riss und gleich darauf seine Schuhe von sich schmiss. Dieser Übereifer brachte sie zum Schmunzeln und eine leichte Gänsehaut überzog ihr Dekolleté.

Sie hatte die Bluse jetzt ganz geöffnet. Streifte sie über ihre Schultern, langsam die Arme hinab und dann über ihre Hände.

Die Gier in seinen Augen war für sie eine Bestätigung, ein Rausch, den sie am liebsten sofort ausleben mochte.

Sie wollte gerade hinter sich greifen und ihren BH aufhaken, als er sie mit seiner Stimme davon abhielt. »Täubchen, lass mich das machen.« Die tiefe, sonore Tonlage begünstigte ihre innere Erregung.

Sie schaute ihn an und konnte nichts anderes, als zuzustimmen.

Vor ihr stehend, legte er sanft seine starken Hände auf ihre zarten Schultern, bei der Berührung musste sie vor freudiger Erwartung die Augen schließen und legte den Kopf dabei in den Nacken. Vorsichtig bewegte er seine Hände über ihre Oberarme. Diese gleichzeitig sanfte und männliche Berührung ließ sie erbeben.

Ohne, dass er mehr machen musste, ging ihr Atem stoßweise, das würde heute eine sehr interessante Projektbehandlung werden.

***

Er konnte spüren, wie sie seine Berührungen erschaudern ließen. So hatte er sich seinen Nachmittag sicherlich nicht vorgestellt. Er wollte im Moment mit den anderen garantiert nicht tauschen. So eine aufregende Frau, die sich spontan auf einen One-Night-Stand einließ, gab es selten.

Seine Hände glitten zu ihrem BH-Verschluss, er war über sich selbst erstaunt, dass seine Finger ihm in diesem Moment gehorchten. Er war furchtbar erregt. Geschickt öffnete er die winzigen Häkchen, fuhr mit den Fingerkuppen die zarte Haut nach, wo der Stoff hineingedrückt hatte. Die Träger fielen von allein über ihre Schultern, als er die Hand unter den Rand legte und bis nach vorn der Spur folgte. Sie schnappte nach Luft, als sein Handrücken die sanfte Wölbung ihres Busens streichelte. Ihre aufgerichteten Nippel drückten gegen den Stoff und warteten nur darauf, von seinen Händen berührt zu werden.

Mit seinen suchenden Daumen umkreiste er ihre Vorhöfe durch den Stoff. Das war ihm nicht mehr genug, er wollte sie nackt und bloß. Endlich löste er den BH komplett, er schob ihn über ihre Arme und warf ihn auf den Tisch.

Ihre helle Haut war mit einem leichten roten Hauch überzogen. Sie stand vor ihm und präsentierte sich ohne Hemmungen seinen durchdringenden Blicken. »Gefällt dir, was du siehst?«

»Besser als jede Zeichnung.« Dann senkte er seinen Kopf

und legte sanft seine Lippen auf ihren Hals, nahm die Haut zwischen seine Zähne und zog daran. Diese Differenz zwischen Zartheit und Angriff ließen ihre Knie nachgeben. Automatisch schob sie ihren Unterleib an seine Hüften.

***

Dass es ihm genauso ging wie ihr, war nur zu deutlich zu spüren. In seiner Hose gefangen, drückte ein großer, praller Schaft gegen ihren Bauch. Ein Wonnegefühl durchrieselte sie.

Er fand mit den Lippen den Weg zu ihren steil aufgerichteten Brustwarzen. Zog sie tief in seinen Mund und brachte Holly zum Stöhnen.

»Mein Täubchen, gurrst du schon?« Sie wollte ihm einen bösen Blick zuwerfen, aber er erreichte eine hochsensible Stelle und sie stöhnte lauter.

Er drängte sie rückwärts zu den Tischen. Hob sie ohne Schwierigkeiten hoch und setzte sie auf deren Kante. Holly war überrascht, wie schnell er ihr den Boden unter den Füßen genommen hatte, und als sie sich auf dem Möbelstück wiederfand, lächelte sie in sich hinein. Genau dafür eigneten sie sich. Hatte sie doch vorhin erst darüber nachgedacht.

Sie lehnte sich auf dem Tisch zurück.

Ihr Bauarbeiter beugte sich über sie und strich mit seinen Lippen über ihren Hals, ihre Beuge und arbeitete sich weiter zu ihren Brüsten und ihrem Bauchnabel hinab. Mit den Händen fuhr er über ihren Hosenbund, öffnete gekonnt den Knopf, nahm den Reißverschluss und zog ihn nach unten auf. Zentimeter für Zentimeter breitete er ihren Hosenstall auf.

Er küsste und erforschte mit der Zunge ihren Bauchnabel und Holly hatte das Gefühl, zu vergehen. Sie vermutete, die Feuchtigkeit zwischen ihren Beinen, würde ihm sehr gefallen.

»Heb deinen entzückenden Hintern hoch!« Mit dieser Aufforderung schob er eine Hand unter ihren Po und zog mit der andern ihre Hose über die Hüften. Als er ihr Unterhöschen betrachtete, presste er die Luft aus seiner Lunge und seine Hände fest auf ihre Hüften.

»Wow ... Das hatte ich nicht erwartet.« Unter ihrer dunklen Hose hatte sie es sich zur Gewohnheit gemacht, grelle Slips oder Tangas zu tragen. Wie froh war sie heute, sich für den mintgrünen Tanga mit neongelben Punkten entschieden zu haben.

»Was hast du denn so erwartet ...?« Stöhnend legte sie sich auf den Tisch zurück.

»Ben.«

Ihr kam es seltsam vor, aber die ganze Situation war schon mehr, als gewagt. Also, warum nicht?

»Hallo, du da zwischen meinen Beinen – Ben. Diese Diskussion gefällt mir, vor allem, da wir auf dasselbe Ziel hinarbeiten.«

»Da kann ich nur zustimmen, Täubchen.« Damit senkte er den Kopf und drückte seinen Mund auf ihren Slip. Zog mit den Zähnen das Stückchen Stoff zur Seite und erforschte die heißen, feuchten, sich ihm entgegenreckenden Lippen. Seine Finger hielten ihn fest, bis er alles sehen und kosten konnte. Abermals hob sie ihren Po für ihn, während er das bunte Nichts über ihre Beine nach unten zerrte.

Gleich machte er sich wieder über ihre feuchte Spalte her. Mit seiner Zunge teilte er die samtweichen Falten, leckte den duftenden Saft daraus hervor und Holly konnte nur keuchen, winseln und stöhnen. Ihr Becken drückte sie fast verzweifelt an seinen Mund.

Es war einfach zu lange her.

Kaum dass seine Zunge auf ihrem Kitzler tanzte, zogen sich in ihr alle Muskeln zusammen und sie bekam einen herrlichen Orgasmus.

Ihre Oberschenkel zitterten noch von der Intensität der kleinen elektrischen Ströme. Da beugte er sich schon wieder vor und küsste langsam die Innenseiten ihrer Schenkel und streichelte mit den schroffen Händen über die zarte Haut. Holly wimmerte vor Lust.

Er erkundete den Weg zu ihren Knien, dann zurück nach oben zu ihrer feuchten Spalte. Mit den Daumen drang er in sie ein und stimulierte mit dem Zeigefinger ihren Kitzler. Als er sich auch noch über sie beugte und ihre empfindlichen Nippel in den Mund nahm, fühlte sie sich schon wieder einem Höhepunkt entgegentreiben. Ihr blieb nur das Durchdrücken ihres Kreuzes, ebenso wie das feste Pressen ihres Unterleibes an seine Hand. Sie wollte alles.

»Bitte, Ben.« Seinen Namen in ihrer Ekstase ausgesprochen zu hören, spornte ihn scheinbar noch mehr an.

»Bald, Baby ...« Er nahm seine Finger von ihr und öffnete seine Hose.

»Lass mich das machen.« Holly richtete sich augenblicklich auf und rutschte erst vor an die Kante, stellte ihre wackeligen Beine auf den Boden und testete, ob sie stehen konnte. Dann kniete sie sich vor ihn, löste seine Hose und zog sie über seine Hüften nach unten. Die Unterhose folgte sofort.

Gleich umfing sie der erdige Geruch männlicher Erregung. Dass er den ganzen Tag auf der Baustelle schwer gearbeitet hatte, tat sein Übriges dazu. Sie schaute ihn von unten an. Legte ihre schlanken Finger um sein steil aufgerichtetes Glied. Strich vorsichtig nach oben, dann zurück zu seinen prallen Kugeln. Sie nahm seine Lustkugeln in die Hand und massierte sie, bis sie ein brummendes Stöhnen vernahm. Ohne Vorwarnung nahm sie seine harte Männlichkeit in den Mund, saugte sie tief ein und merkte, wie er schwankte.

Er fasste ihren Kopf und nahm ihn als Stütze. Sie fühlte sich berauscht. Berauscht von seinem Duft, dem Gefühl, ihn im Mund zu haben, und der Vorfreude auf die baldige Erfüllung zwischen ihren Beinen.

Es fühlte sich so köstlich an.

»Oh mein Gott«, war alles, was sie von ihm hörte.

Sie bog sich etwas nach hinten, sah ihn an und meinte: »Das ist doch nicht nötig, Holly reicht völlig!« Verständnislos konnte er nur den Kopf schütteln. Sie setzte ein leichtes Schmunzeln auf und erhob sich. »Lass uns den Rest ausdiskutieren!«

Das ließ er sich nicht zweimal sagen. Er drehte sie um, beugte sie über den Tisch, hob ihr rechtes Bein, sodass es auf dem Tisch abgestützt war, fuhr mit der Hand über ihre feuchte Spalte, knurrte leicht und drang mit einer schnellen Bewegung in sie ein.

Vor Lust und Überraschung stöhnte Holly wohlig auf. Er dehnte sie, nahm sie mit jeder seiner festen Bewegungen ein. Umfasste sie, suchte ihre Brüste, spielte mit den Nippeln, bis sie so empfindlich waren, dass es leicht schmerzte. Was sie jedoch in keiner Weise davon abhielt, das zu genießen, was er mit ihr tat. Er grummelte hinter ihrem Rücken, sie drehte den Kopf leicht und sah in sein Gesicht. Er hatte den Kopf in den Nacken gelegt, die Augen geschlossen und seine Gesichtszüge waren vor Gier und Geilheit verzerrt.

Holly konnte nicht mehr. Dieser Anblick löste in ihr eine erneute Welle der Lust aus, sodass sie sich ihm weiter entgegenreckte und den Rücken etwas mehr durchdrückte.

Er schien es zu bemerken, denn seine Hände wanderten an ihren Seiten nach unten, um ihre Taille herum zu ihrem Kitzler, den er jetzt mit den Fingern ordentlich rubbelte.

Sie schrie, als sich ihre Muskeln erneut zusammenzogen, verharrte in ihren Bewegungen und ließ ihn seine trommelnden Stöße an ihr ausleben. Sie war völlig befriedigt. Leicht stöhnte sie und spreizte die Beine weiter, damit er sich noch tiefer in ihr versenken konnte.

***

Er war so in seiner Lust gefangen, dass er nur noch das Gefühl der feuchten, ihn melkenden Höhle wahrnahm. Seine Begierde stieg in rasendem Ausmaß an. Immer weiter stieß er in sie, tiefer, intensiver. Er wollte sie brandmarken. Fast hätte er nicht mitbekommen, wie ihre eine Hand sich um seinen Hodensack legte und die schon straffe Haut massierte.

Gott, er musste einfach in ihr kommen. Fest presste er ihre Hüften an seine und als er sich in sie ergoss, gab er nur noch keuchende Laute von sich. Sein Penis pumpte alles, was er in sich hatte, in sie.

Sein umnebeltes Gehirn kam langsam wieder zu sich. Wie er sie so offensichtlich erschöpft und befriedigt vor sich hatte, strich er mit der Hand über ihren Rücken bis zu ihrem sündhaften Po. So wohl geformt, so knackig, er konnte ihn fast mit seinen Händen bedecken. Hoch und fest krönte er die Verbindung zwischen Rücken und Schenkeln.

»Täubchen, dein Hintern kann nur eine Einladung sein.« Er zog sich aus ihr zurück und drückte ihr einen Kuss auf jede ihrer herrlichen Halbkugeln.

***

Ihr wohliges Seufzen kam wie von selbst über ihre Lippen. Sie wäre gerne in dieser Position verharrt, hätte sich noch ein wenig verwöhnen lassen, aber leider war das hier weder der richtige Ort noch der richtige Zeitpunkt, um länger zu verweilen. Immerhin konnte jeden Augenblick ein Lieferant oder Arbeiter vorbeikommen.

»Wie lange wirst du Bauleiter sein?« Sie schälte sich vom Tisch und streifte unwillig ihre Kleidung wieder über.

Er drehte sich zu ihr, schaute ihr in die Augen und meinte mit traurigem Blick: »Nur bis heute.«

Ein kurzer, scharfer Schmerz durchfuhr sie, so einen Mann sollte man nicht gleich wieder gehen lassen. »Schade, wirklich schade, denn ich habe einige Zeichnung, die unterschrieben werden müssten.« Laszdiv lächelte sie.

»Ist das ein Angebot? Ich arbeite auch privat. Also nebenbei.« Er zwinkerte ihr zu.

Ein kleines Glücksgefühl durchrieselte sie. »Oh, toll. Denn ich habe wirklich viel, das repariert werden müsste. Und wenn du auch noch Rohre verlegen kannst, bist du angestellt.«

Beide sahen sich an, begannen gleichzeitig herzhaft zu lachen und dann tauschten sie ihre Nummern aus.

Er bezahlt mit seinem heissem Körper

Berge, Natur, Wanderungen, Fotos.

Endlich Urlaub, endlich Pause, endlich weg von dem ganzen Stress auf Arbeit und von seiner letzten Beziehung. Er musste nicht unbedingt ins Ausland fahren. Hier in seinem Heimatland gab es wunderschöne Ecken, die kaum einer wahrnahm.

Andy genoss die langen Wanderungen, die ruhigen Abende und das lange Ausschlafen. Vierzehn Tage nur für sich Zeit zu haben, war eine Wohltat.

Auf Arbeit lief es gerade nicht so dolle. Sein Chef verlangte immer mehr Überstunden, wollte diese aber am liebsten gar nicht vergüten. Geht ja mal gar nicht.

Und seine Beziehung. Gut – es gab keine Beziehung mehr. Lisa hatte ihn abserviert. *Ich komme mit deinen ständigen Überstunden nicht klar.* Fein. So drehte sich die Katze im Kreis und biss sich in ihren eigenen Schwanz.

Okay, es war nun mal so. Leider nicht zu ändern. Die Mehrarbeit musste er machen, sonst war er den Job los. Bei der Freundin war es schneller gegangen. Gerd, sein bester Kumpel, hatte gemeint, wenn sie ihn so schnell abschießen könnte, dann wäre es nichts Festes gewesen. Möglicherweise hatte er sogar recht gehabt.

Umso mehr freute er sich auf diese Tage ohne jegliche Verpflichtungen, ohne auf jemanden Rücksicht nehmen zu müssen. Einfach mal nur er selbst zu sein. Heute war Tag fünf seines Urlaub-Selbst-Erfahrungs-Trips.

Seit fünf Uhr war er auf den Beinen – so viel zum Thema Ausschlafen. Er hatte auf den nahegelegenen Berg wandern und den Sonnenaufgang mit der Kamera einfangen wollen.

Alles hatte wunderbar geklappt, die Fotos waren hervorragend gelungen, einige davon würde er Verlagen für Heimat- oder einfache Naturkalender anbieten, die anderen sich auf Leinwände aufziehen lassen und seine Wohnung damit dekorieren.

Eins würde seine Mutter zum Geburtstag bekommen, da konnte er wieder zwei Fliegen mit einer Klappe schlagen, Urlaubsmitbringsel und Geburtstagsgeschenk.

So weit, so gut. Nur der Heimweg war irgendwie schiefgelaufen.

Stundenlang war er in der Natur herumgeirrt, hatte noch viele Bilder eingefangen, aber leider die Route zu seinem Hotel völlig aus den Augen verloren.

Zwei Schäfer hatten seinen Weg gekreuzt, denen hatte er nur ein müdes Lächeln entlocken können und eine vage Andeutung der Richtung, in die er hatte gehen müssen.

So war er fast bis zum Abend in der Natur herumgewandert, von einem Dörflein zum anderen. Er hatte zum Schluss keine Lust mehr zum Laufen gehabt.

Die Ortschaft, in der er sich gerade umsah, unterschied sich nicht wirklich von den vorhergehenden. In Gedanken stellte er sich vor, dass er wie in dem Film *Und täglich grüßt das Murmeltier* hier im Kreis lief. So wenig änderte sich an der Ansicht der Häuserreihen. Ein Haus, nein, Häuschen glich dem anderen.

Er bog in eine weitere Gasse ein und war über den Anblick, der sich ihm bot, positiv überrascht. In der schmalen Straße standen vor einem Eckhaus zierliche Stühle und Tische davor. Es schien ein kleines Café zu sein. Er schloss kurz die Augen, das käme ihm jetzt sehr gelegen. Seine Beine taten weh, sein Magen verkrampfte sich schon vor Hunger und die Orientierung hatte er nun endgültig verloren.

In diesem Moment kam eine kleinere, rundlich wirkende Frau aus der Tür und begann, die Stühle zusammenzustellen.

Nein. So viel Pech konnte er doch nicht haben.

»Halt!« Er musste sie dazu bringen, sich seiner anzunehmen. Er brauchte Nahrung und eine Pause. Der lange Tag an der frischen Luft hatte ihn hungrig und ganz schön müde gemacht.

Die Frau drehte sich zu ihm um.

Noch mal rief er *Halt* und aktivierte seine letzten Kräfte, um in langen Schritten den noch bereitstehenden Stuhl zu erreichen.

Atemlos und eigentlich auch am Ende seiner körperlichen Kräfte, ließ er sich auf ihn fallen.

Die Wirtin verharrte in einer wartenden Position, beobachtete ihn mit Argusaugen.

»Es tut mir leid, aber ich schließe jetzt!« Sie hatte eine überraschend melodische Stimme.

»Sie sind meine letzte Rettung, bitte, ohne Sie werde ich nicht überleben!«

»Etwas theatralisch, finden Sie nicht?«

»Aber genau so ist es. Ich habe mich heillos verlaufen. Seit heute Früh wandere ich von einem Nest zum nächsten. Ich bin nah am Verhungern. Bitte schicken Sie einen Gestrandeten nicht weiter!« Seine Stimme hatte einen flehenden Ton angenommen.

Immer noch stand die Frau mit dem Stuhl in der Hand vor ihm. Sie schien wirklich mit sich zu ringen, ob sie sich von ihm einwickeln ließ oder ihn doch weiterschickte.

»Bitte, ich bleibe sonst hier sitzen.« Demonstrativ lehnte er sich zurück und verschränkte die Arme vor der Brust.

»Oh, erst betteln, jetzt schon erpressen – innerhalb von zwei Minuten.«

Gebannt schaute Andy ihr dabei zu, wie sie langsam den Stuhl zurück auf seinen Platz stellte. Mit ihrem runden, ebenmäßigen Gesicht sah sie zu ihm. Große, ausdrucksstarke Augen begutachteten ihn und schienen abzuwägen, ob er ein Lustmolch oder wirklich nur ein hungriger Wanderer war. Doch die Ebenmäßigkeit wurde durch das Anheben einer Augenbraue unterbrochen. Sie war ihm gegenüber vorsichtig. Das merkte er deutlich. Er versuchte sich aufs Schmeicheln. »Seien Sie mein rettender Engel.« Er hoffte, damit zu punkten.

Leider verdrehte sie nur genervt die Augen, stützte ihre Hand auf ihre runde Hüfte und sah ihn herausfordernd an.

»Also gut, reden Sie schon ...« Die Haarsträhne, die sich aus ihrer strengen Flechtfrisur gelöst hatte, blies sie sich aus dem Gesicht, fing sie mit den Fingern auf und steckte sie sich hinter ihr Ohr.

Diese Geste brachte sein Blut in Wallung. Obwohl er doch nah der Erschöpfung sein sollte.

»Haben Sie noch etwas zu essen, um meinem geschwächten Leib wieder Kraft und Energie zukommen zu lassen?«

Ihr Blick war mitfühlend. Das war kein gutes Omen.

»Ich könnte Ihnen einen Cappuccino anbieten, einen Kaffee, einen Latte Macchiato oder ein Milchshake. Dazu vielleicht ein paar Kekse?« Sie konnte ihr Mitgefühl kaum verbergen. Aber er fand, dass darin eine Spur von Spott versteckt war.

Na, toll. Sie machte sich lustig über ihn. Aber mal ehrlich, ein wenig gerechtfertigt war es schon.

»Sie haben wohl kein Handy oder Kompass oder Tablet?«

»Verspotten Sie mich nur, ich bin heute Früh in meinem Hotel aufgebrochen, habe nur meinen Rucksack mit Wasser und Jacke geschnappt, die Kamera noch dazu, und dann ging es los.« Er legte seine ganze Verzweiflung in seine Stimme und in seinen Blick. »Handy, Landkarte, alles dort gelassen. Nun habe ich echt gehofft, ein paar Menschen unterwegs zu treffen, aber es scheint hier alles ausgestorben zu sein.«

Die adrette Frau nickte bestätigend.

»Dieses Wochenende ist großer Weideabtrieb. Da fahren alle zu den größeren Gemeinden. Ich habe heute Nachmittag auch nur durch Zufall auf, meinem Damen-Kaffee-Kränzchen konnte ich nicht absagen.«

»Eine Fügung des Schicksals!«

Sie machte einen Schritt auf ihn zu.

»Wie man es nimmt. Ein Vorschlag, wenn Sie sich kurz erholt haben, stellen Sie die Stühle und Tische einfach hier zusammen und ich gehe hinein und zaubere Ihnen noch etwas zu essen. Abgemacht? Ich bin übrigens Anna.«

***

Ein Stein fiel ihm scheinbar vom Herzen, denn echte erlösende Freude verwandelte sein Gesicht in das eines überaus sympathischen Mannes in den besten Jahren. »Das wäre ein Traum!« Übermütig warf er ihr eine Kusshand zu. Seine langen Beine von sich gestreckt, saß er noch einige Augenblicke in dem bequemen Sesselchen. Anders konnte man den zierlichen Stuhl kaum beschreiben. Dann stand er auf, dehnte seinen großen, sehnigen Körper, wobei sein Hemd sich aus der Hose löste und kurz einen Blick auf seinen trainierten Bauch freigab, an dem ein feiner Haarstrich zu erkennen war. Die Farbe war dunkler als das seines Haupthaars, das ziemlich kurz gehalten war. Er hatte ein markantes Gesicht, mit tiefliegenden Augen, einer geraden Nase und schmalen Lippen. Ein kräftiges Kinn zeugte von Entschlusskraft und Ausdauer. Er war durchweg ein gut aussehender Mann.

Anna ging in ihr Café und überlegte sich, was man so einem großen Mann wie ihm zu essen anbieten könnte. Er wäre doch sicherlich nicht nur mit einem Keks zum Kaffee zufrieden. Schnell ging sie in ihre Küche und schaute in den Kühlschrank.

Oh, Eier hatte sie noch ausreichend da, etwas Gemüse war von den Gemüsemuffins übrig, da ließ sich doch was kreieren. Sie setzte für ihn inzwischen Kaffee auf, kochte sich selbst Wasser für einen Tee und holte danach eine große Pfanne aus ihrem Schrank. Sie stellte sie auf den Herd und schlug in eine separate Schüssel sechs Eier auf. Schnitt auf einem Brett das Gemüse in Würfel, briet es in der Pfanne an und gab zum Schluss die Eier darüber. Kurz ließ sie sie braten, damit das Eiklar schön weiß wurde und die Eigelbe leicht fest, aber immer noch flüssig waren. Zum Schluss streute sie noch Petersilie und Schnittlauch darüber und legte zwei Scheiben Brot dazu.

Es war eine ordentlich große Portion. Und sie sah sehr appetitlich aus. Ihre Brüder würden sie ihr aus den Händen reißen, es war ein typisches Männer-Kraftfutter.

Ein klein wenig freute sie sich darauf, ihm das Essen zu präsentieren. Sie stellte die Kaffeekanne auf das Tablett, zwei Tassen, für sich selbst den Tee und den Teller mit den Spiegeleiern. Auf dem Weg in den vorderen Gastraum fiel ihr ein, dass sie ihn ja gebeten hatte, die Stühle und Tische zusammenzustellen. Sie Dussel, draußen wäre es doch auch sehr gemütlich gewesen. Ach, was sollte es, sie deckte einen Zweiertisch am Fenster, richtete den Tisch sehr geschmackvoll her und wollte ihn gerade rufen, als er auch schon zur Tür hereinkam.

»Ich wollte mal schnell schauen, was hier so herrlich duftet.« Er sah auf den Tisch und sein Gesicht begann zu strahlen. »Oh, sagen Sie nicht, dieses herrliche Essen haben Sie für mich gemacht?« Sie konnte regelrecht den Hunger in seinen Augen sehen. Zur akustischen Bestätigung knurrte sein Magen laut.

»Na, ich denke, da habe ich jetzt jemanden vor dem Hungertod errettet.« Er trat hinter sie und zog den Stuhl etwas weg.

»Nehmen Sie Platz.« Anna war völlig perplex. Sie schaute über ihre Schulter und blickte ihn verwirrt an.

Er zog den rechten Mundwinkel nach oben. Das ließ ihn noch verschmitzter aussehen wie bisher.

»So verhungert bin ich nun auch nicht, dass ich meine guten Manieren vergesse.«

Anna war wirklich sprachlos.

***

Sie machte einen netten, aufgeschlossenen und äußerst liebenswerten Eindruck auf ihn. Freundlich, zuvorkommend, hilfsbereit. Wunderbare Eigenschaften. Er wollte deshalb nicht unhöflich erscheinen und ihr diese Gefälligkeit ebenso erweisen – nett zu sein.

Während Anna sich niederließ, schob er ihr den Stuhl zurecht.

Ganz aus Versehen berührte er dabei ihren Oberarm und war für einen Augenblick geschockt. Eine heiße Welle der Erregung durchzuckte ihn. Wie bei kleinen Stromstößen kribbelte seine Haut.

Er schien doch körperlich mitgenommener zu sein, als er gedacht hatte. Kleine mollige Frauen passten nicht in sein Beuteschema. Da er selbst recht groß war, bevorzugte er größere Ladys, damit er sich nicht neben ihnen wie ein Riese vorkam.

Aber dieses kleine adrette Wesen, so hübsch in ihrem Vintagekleid verpackt, strahlte eine Weiblichkeit aus, die ihn irritierte. Er setzte sich ihr gegenüber und wollte darüber im Moment nicht mehr nachdenken. Sein Hunger auf das einfache, aber köstliche Essen vor ihm ließ ihn fast zum Neandertaler mutieren. Andy musste sich sehr zusammennehmen, damit er das lecker duftende Gericht nicht einfach in sich hineinschaufelte.

»Wie heißen Sie?« Ihre Stimme war vorhin schon der Hammer gewesen, jetzt aber, mit der leichten Verwirrtheit darin, war sie noch erotischer.

»Oh, Entschuldigung. Sehen Sie, der eine Fauxpas macht

den anderen nicht wieder wett.« Damit deutete er eine kleine Verbeugung an. »Andy Müller, und sie heißen Anna?«

»Ja, Anna Huber. Mir gehört dieses Café.«

»Sehr angenehm – Anna, Anna Huber.« Er lächelte sie dermaßen verschmitzt an, dass Anna einfach zurücklächeln musste. »Sie haben einen sehr hübschen Ort daraus gemacht. Ein großes Kompliment.«

»Danke schön, ich wollte schon immer etwas Besonderes mein Eigen nennen, etwas, das nicht jeder hat. Und ich denke, es ist mir gelungen.«

Mit dem Besonderen umschrieb sie die Vintage-Einrichtung ihres kleinen Cafés. Zur Straßenseite zeigten zwei raumhohe Fenster und die romantisch verschnörkelte Tür, die Tapete entsprach auch dem Stil und die vornehmen Stühle und Tische passten hervorragend hier rein. Er konnte sich gut vorstellen, dass dieser Ort sehr gern besucht wurde.

Ihm gefiel es, wie sie auf sein Kompliment reagiert hatte, nicht schüchtern, nicht verlegen, nicht affektiert oder gar überheblich. Nein, sie wusste, was sie hatte; sie wusste, was sie wollte, und das machte sie noch ansprechender.

Sie ließ ihn ungestört seine Portion essen, lehnte sich leicht auf dem Stuhl zurück und trank ihren Tee.

Wie er so über seinem Essen saß, musste er sich eingestehen, dass er ein weit größeres Problem hatte.

Hatte er heute Früh seinen Geldbeutel eingepackt? Er hatte doch nicht vorgehabt, den ganzen lieben langen Tag in der Gegend herumzuirren. Jetzt fiel ihm auch ein, dass er ihn wieder aus der Hosentasche genommen hatte, weil er schon mal einen bei seinen Fotojagden verloren hatte. So ein Pech aber auch.

Andy pikste vorsichtig den letzten Rest auf die Gabel. Steckte ihn genüsslich in den Mund, um dann etwas verlegen sein Besteck zur Seite zu legen.

»Anna, ich habe ein Problem.«

Anna, die ihn die ganze Zeit beobachtet hatte, mal direkt, mal nur aus den Augenwinkeln, neigte interessiert den Kopf.

Andy schaute ihr kurz ins Gesicht, bewunderte den ebenmäßigen Teint und ihre strahlenden grünen Augen. Dann senkte er betreten den Kopf.

***

Anna wusste nicht, spielte er diese Verlegenheit oder war es bei ihm Taktik? Vielleicht ja ein wenig von beiden.

»Soso, und was für ein Problem?« Sie ließ sich nicht von ihm verunsichern, auch Mitleid zog selten bei ihr, vermutlich eher, wenn derjenige gut aussehend war. Dann schmiss sie fast alle Vorsicht über Bord.

»Ich darf Sie doch Anna nennen?«

»Tun Sie das nicht schon?« Sie musste ihn leicht skeptisch anschauen.

»Ja, ich glaube schon ...«, sagte er verlegen, das war jetzt wirklich echt, und blickte sie von unten an.

»Nun raus mit der Sprache – wo liegt das Problem?«

»Ich bin heute Früh aus meinem Hotel raus, habe nur meine Kamera und meinen Rucksack geschnappt, aber so kann ich Ihnen das leckere Mahl nicht mit Geld bezahlen.«

»Aha, das hatte ich auch noch nicht. Kein Problem. Sie kamen hier halb verhungert an, ich habe ein mitfühlendes und barmherziges Herz.« Sie zwinkerte ihm dabei verschwörerisch zu. »Deshalb berechne ich Ihnen nichts dafür.«

***

Sie schaute ihn offen und ehrlich an, so meinte sie es auch. Das konnte Andy nicht annehmen, bisher war er noch niemandem etwas schuldig geblieben.

»Können wir es irgendwie anders abrechnen?« Andy fühlte sich nicht gut dabei, ihr so viel Arbeit gemacht zu haben, zusätzliche noch dazu. »Ganz früher durften die Notdürftigen abwaschen!«

Anna sah ihn an und begann herzhaft zu lachen. Irgendetwas schien sie extrem zu erheitern.

Wäre er nicht so hingerissen gewesen von ihrem melodischen Lachen, wäre er vielleicht sogar etwas beleidigt gewesen, dass sie so über seinen Vorschlag lachen musste. Er war kein Macho, er wusste, was in einem Haushalt für Arbeiten anfielen. Und er scheute sich auch nicht, diese zu erledigen. Immerhin musste er sich während seiner Zeit bei der Armee auch selbst versorgen.

Aber das ging alles unter, als er ihr frisches, strahlendes Gesicht betrachtete. Sie war einfach bezaubernd. Und ihr munteres, fröhliches Lachen erzeugte eine Gänsehaut auf seinen Armen.

»Was? Was habe ich Falsches gesagt?« Er konnte sich ihrer Heiterkeit nicht entziehen und verspürte ein glucksendes Lachen in sich aufsteigen.

***

Es dauerte noch einen kurzen Augenblick, dann hatte sie sich wieder im Griff, konnte ihn anschauen.

»Sie haben nichts Falsches gesagt oder getan. Ich war nur so von ihrem Vorschlag überrascht. Ehrlich, ich kann mich nicht erinnern, wann ein Mann sich angeboten hat, bei mir abzuwaschen.« Sie schaute ihn vertrauensvoll an. Sie konnte nicht anders. Die Vorstellung, dass er in ihrer kleinen Küche mit dem filigranen Geschirr in der Hand dastand. Es erheiterte definitiv ihren Tag. »Es tut mir leid, ich benehme mich albern.« Sie konnte aber ein kleines Kichern nicht verbergen.

»Gut, wenn Ihnen Abwaschen zu suspekt ist, wie wäre es mit ...« Er schien den Wert der Mahlzeit mit einer entsprechenden Arbeit vergleichen zu wollen und rieb sich mit der Hand über Kinn und Hals.

Diese Bewegung löste in Anna sehr hitzige Gedanken aus. Da er einen leichten Bartschatten trug, ertönte bei der Bewegung ein raues Geräusch. Es gefiel ihr außerordentlich. Und in ihr stieg eine bisher verschollen geglaubte Wärme im Bauch auf. Was sie furchtbar durcheinanderbrachte. Sie war jetzt schon seit drei Jahren wieder Single. In der letzten Beziehung war sie absolut nicht glücklich gewesen. Und zum Schluss war es besser gewesen, sich zu trennen, als diese ständigen Gefühls-Eskalationen seinerseits ertragen zu müssen.

Eine Befreiung. Sie hatte sich dann dieses kleine Café gekauft und fühlte sich endlich glücklich.

Und gewagter.

Und spontaner.

Und draufgängerischer.

Ja, sie wollte etwas erleben. Dieses Café war der erste Schritt einiger Veränderungen gewesen. Positiver Veränderungen. Und nun saß ihr ein völlig fremder, gut aussehender, wahnsinnig erregender Mann gegenüber, der mit ihr über eine Art Lohn verhandeln wollte. Was konnte es denn Besseres geben? Jetzt wollte Anna testen, wie wagemutig sie wirklich sein konnte.

***

»Mir würde schon eine Bezahlung einfallen.« Ihr Tonfall ließ ihn aufhorchen. Sofort hob er den Kopf und starrte sie.

Der Raum war immer noch der Gleiche. Aber irgendwie hatte sich jetzt die Stimmung darin geändert. Oder war es die Luft? Das Licht? Oder gar die kleinen kribbelnden Gedanken, die sich in ihm hochschlichen? Auf alle Fälle waren sie wahnsinnig elektrisierend.

»Jetzt bin ich aber schockiert!« Er tat entsetzt. Richtete sich auf seinem Stuhl auf und presste theatralisch seine rechte Hand auf sein Herz. Noch dachte er, sie meinte diese Anspielung im Scherz. Abgeneigt wäre er trotzdem nicht. Diese Frau erregte ihn.

»Ach, das glaube ich nun weniger. Ich dachte da eher an ...« Dieses Mal war sie es, die eine Denkerpose einnahm. Sie stellte die Ellenbogen auf den Tisch, faltete die Hände und legte ihr Kinn darauf. »... eine spezielle Art des Abwaschens für dich.« Sie griente ihn frech an und war einfach zum Du übergegangen.

Andy schwante Böses. Und wiederum auch nicht.

Er beließ es bei seiner schockierten Haltung und grinste zurück.

»Sag an, was hast du dir für mich ausgedacht?« Ihm fiel der Wechsel in die vertraute Anrede auch nicht schwer. Sie behagte ihm sogar sehr.

»Du bist doch ein gut aussehender, ich betone *sehr* gut aussehender, großer Kerl Ich hatte schon lange nichts mehr fürs Auge. Wie wäre es? Abwaschen – oben ohne?«

»Hier tun sich Abgründe auf!« Kopfschüttelnd spielte er weiterhin den Entsetzten. Aber er war bereit, bereit sich in dieses verrückte Abenteuer zu stürzen. Der Tag heute war ja sowieso von Anfang an seltsam verlaufen. Das hier wäre der krönende Abschluss.

Sich nur auf Anna konzentrierend, zog er sein Hemd aus. Sofort wurden ihre Augen groß und in ihnen glomm nicht nur Überraschung auf.

Ja, er war kurz selbst von sich überrascht, fand die Idee jedoch herrlich. Lasziv wedelte er mit dem Hemd über dem Kopf, ließ es auf den Stuhl neben sich fallen, stand geschmeidig auf und ging hüftschwingend in Richtung Küche.

Hinter sich hörte er ihr verführerisches Gekicher.

»Hast du es dir so vorgestellt?« Er drehte sich um sich selbst. Bewegte die Arme, wie wenn Musik spielen würde, und tänzelte weiter.

Das bezaubernde Lachen hatte sich verändert. Die kleinen zittrigen Aussetzer hatte er nicht überhört. Und das ermutigte ihn weiter. Er ging in die abgegrenzte Küche, schaute sich um und fand sie praktisch, effizient und überschaubar. Selten, dass eine Frau auf jeglichen Schnickschnack verzichtete. Das viele herumstehende Geschirr zählte nicht als Deko. Der Deal stand nun mal, ein Rückzieher war nicht mehr möglich.

So ließ er Wasser in das Becken, gab mehrere Spritzer Spülmittel dazu, verfolgte, wie der Schaum stetig anstieg, um rechtzeitig den Hahn zuzudrehen.

Er begann, die filigranen Tassen zu sortieren und wunderte sich darüber, wie man aus so einem feinen Porzellan trinken konnte. Kein Wunder, dass diese Teile nicht in den Geschirrspüler durften. Mit äußerster Vorsicht spülte er die Tassen einzeln ab.

***

Anna war ihm nachgegangen und lehnte jetzt im Eingang zur Küche. Sie stützte sich mit der Schulter am Türrahmen ab.

»Du machst das jetzt nicht wirklich. Oder?«

»Oh!« Vor Schreck entglitt ihm die zarte Tasse aus seinen feuchten Händen. Entsetzt sah sie ihn auf die Scherben starren, die auf dem Boden verstreut lagen.

Anna war mehr fasziniert von seinem muskulösen Oberkörper, seinen breiten Schultern, bei denen die Sehnen deutlich hervortraten. Ein Sinnbild von erotischer Nutzfläche. Bei ihrer Betrachtung störte sie die kaputte Tasse überhaupt nicht.

»Deal ist Deal. Du hast mich verköstigt und ich arbeite es ab.«

»Das gefällt mir!« Sie drückte sich vom Türrahmen ab und war einen Schritt weiter in die kleine Küche getreten. Anna nahm Handfeger und Schaufel aus dem Schrank neben der Spüle, reichte ihm die zwei Sachen und deutete ihm an, die Scherben wegzukehren. Mit einer entschuldigenden Verbeugung nahm er ihr beides ab und bückte sich, um den Schaden zu beheben. Lässig lasziv und sehr langsam führte er die Kehrbewegungen aus. Für sie ein Genuss, denn jeder Muskel in seinem Armen und auf seinem Rücken schienen eine Art

Kür aufzuführen – extra nur für sie. Er entsorgte die Scherbe im Mülleimer, sein Blick, den er ihr über die Schulter zuwarf, sprach Bände. Ihr wurde heiß und es lag garantiert nicht nur an dem Dampf des heißen Wassers.

»Wann hattest du vor, dich das nächste Mal zu verlaufen?« Sie stand mittlerweile sehr dicht hinter ihm. Fasziniert betrachtete Anna immer noch das Spiel seiner Muskeln unter der leicht gebräunten Haut. So ein in menschliche Gestalt gemeißeltes Kunstwerk mitten in ihrer Vintage-Küche, das glaubte ihr doch keiner. Was würde geschehen, wenn sie einfach die Hand ausstrecken und sie auf seine Haut legen würde? Oh je, sie stellte sich vor, wie er entsetzt sein könnte. Aber sein Blick.

Sie wollte ... Nein, sie musste ...

***

Er konnte ihre Wärme, ihren Atem an seinem Rücken spüren. Noch verhielt er sich ganz still. Erwartete ihren nächsten Zug.

Ganz ehrlich? Er bewunderte sie. Sie hatte den Mut, sich das hier auszudenken. Wie weit würde sie gehen? Und die andere Frage: Wie weit würde *er* mitgehen? Mit ziemlich viel Fingerspitzengefühl stellte er eine weitere zarte Tasse ab. Stützte seine Hände auf dem Schrank ab und rührte sich nicht von der Stelle, war gespannt, was nun folgte.

Dass eine erotische Spannung zwischen ihnen existierte, würde sie nicht leugnen können. Er auf keinen Fall. Seit er sie vor ihrem Café stehen gesehen hatte, wie sie ihn so prüfend angeblickt hatte, ab da hatte er sich wie magnetisch zu ihr hingezogen gefühlt. Mit Absicht hatte er ihr den Vorschlag des Abarbeitens gemacht, denn er hatte auf keinen Fall gleich wieder weggeschickt werden wollen.

Somit hatte seine Verirrung auch etwas Gutes. Das himmlische Essen, auch wenn ein deftiges Stück Fleisch gefehlt hatte, ihre wundervollen Augen und die anderen Argumente einige Zentimeter weiter unten überzeugten ihn, hier mehr Zeit verbringen zu wollen.

Das Hemd auszuziehen, war eine folgerichtige Aktion gewesen. Der Gang in die Küche kam ihm wie eine Offenbarung vor.

Wäre sie ihm nicht gefolgt, dann hätte er dringend an seinem Feingefühl Frauen gegenüber arbeiten müssen.

Aber da sie in der Tür gestanden, ihn beobachtet und regelrecht anstarrt hatte, war er sich zu hunderttausend Prozent sicher gewesen. Sie spürte diese sexuelle Anziehung – genau wie er. Und dass sie ihn so provokant beobachtete, ließ seinen Schwanz fest gegen seine Hose drücken. Hoffentlich ging sie nicht wieder hinaus.

***

Anna stand hinter ihm, der Duft seiner Haut war so nah, dass sie ihn nur zu inhalieren brauchte. Sie wagte es einfach. Sie hatte beschlossen, es zu versuchen. So simpel war das.

Unglaublich unsicher hob sie ihre Hand und legte sie ihm direkt zwischen seine Schulterblätter. Das kleine Beben, das gleichzeitig durch ihrer beider Körper schoss, war nicht zu ignorieren. Mit weiblicher Zartheit glitt sie mit ihrem Mittelfinger seiner Wirbelsäule entlang. Seine feste, glatte Haut verführte sie weiter. Ohne sich ihrer Entschlossenheit bewusst zu werden, drückte sie ihm einen Kuss auf die hervorstehenden kleinen Wirbelhöcker und ließ ihre Lippen dort verharren.

Mit den Händen umfasste sie ihn, legte sie auf seinen Bauch. Mit der flachen Hand fuhr sie in kleinen kreisenden Bewegungen von der Außenseite zu seinem Bauchnabel. Dort trafen sich ihre Fingerspitzen und sacht drückte sie diese in sein Fleisch.

Während ihre Nägel kleine Halbmonde auf seiner Haut hinterließen, lag ihr Mund wie festgeschweißt auf dem kleinen Wirbel.

Langsam kam wieder Leben in ihre Lippen und sie öffnete

sie leicht. Behutsam streckte sie ihre Zunge aus und berührte seine Haut. Dieser kleine, zarte Kontakt brachte den großen, kräftigen Mann zum Erschaudern. Gemächlich begann Anna, Wirbel für Wirbel auf diese Weise zu erkunden.

***

Starr vor Aufregung?

Verwunderung?

Auf jeden Fall blieb er, wo er war. Wenn sie wüsste, dass er nur verharrte, um sie nicht gleich auf dem Küchenboden zu nehmen, wäre sie wahrscheinlich weniger wagemutig gewesen. Nach wie vor bewegte er sich nicht vom Fleck, leicht nach vorn gebeugt, die Beine etwas auseinanderstehend, immer noch vor dem Abwaschbecken, genoss er ihre Erkundungsreise auf seinem Rücken. Sein Atem hatte sich mittlerweile beschleunigt. Wie konnte man so eine Erfahrung beschreiben?

Ihre neugierigen Finger erkundeten seine Wirbelsäule, dann seine Rippenbögen und die Seiten. Ab und zu verirrte sich einer ihrer Finger auf seine Vorderseite. Jedes Mal, wenn er auf seinem Bauch ankam, zog er scharf die Luft ein. Und wenn sich ihre Nägel in seine Haut gruben, wollte er sofort mehr. Es war ein wahnsinnig gutes Gefühl, wie ihre Finger sacht über seine Haut glitten. Mit unglaublicher Sanftheit, so als berührte sie etwas sehr Wertvolles, erkundete sie seine Muskeln und fuhr seine Unterarme hinauf. Durch sein Abstützen auf dem Schrank traten die Unebenheiten deutlich hervor. Sie nahm sich Zeit jede Ader, jede Sehne ausgiebig mit ihren Fingerspitzen nachzufahren. Er freute sich schon im Geheimen, wenn sie sich mehr getrauen würde.

Ihr Mund wanderte seiner Wirbelsäule auf und ab. Es schien, als könnte sie überhaupt nicht genug von seiner Haut bekommen.

Seine Hände brauchten eine Beschäftigung. Er konnte nicht mehr untätig sein. Andy wollte ihre weichen Formen erkunden, sein Gesicht in ihren üppigen Busen drücken. Durch das Kleid konnte man schlecht den Umfang ihrer Schenkel ausmachen, das wollte er aber gleich ändern. Langsam drehte er sich um.

Jetzt standen sie sich gegenüber. Er groß, breit, muskulös und erregt. Sie klein, rund und verdammt weiblich. Und ebenfalls extrem erregt. Ihre Wangen waren aufs Entzückendste gerötet. Ihr Blick verhangen. Ihre Hände zitterten, als sie sie auf seinen Körper legte. Mit Wohlwollen sah er, wie sich ihr Busen heftig hob und senkte. Dass ihr gefiel, was sie sah, musste man nicht erraten.

Andy nahm seine Hände hoch, die immer noch tatenlos hinabgehangen hatte. Langsam und mit Bedacht platzierte er sie auf ihrem Körper. Seine rechte Hand legte er auf ihren Hinterkopf. Zog sie zu sich heran, bedeckte ihre Lippen mit den seinen. Je dichter sie sich an seinen Leib presste, umso intensiver küsste er sie. Seine linke Hand platzierte er auf ihrer Hüfte, stützte sie, da dieser erotische, ungestüme Angriff sie zum Schwanken brachte.

Sie hatte vorhin schon eine Stimme gehabt, die ihn sehr erregt hatte. Aber diese kleinen, verführerischen Laute, die ihren Mund zwischen seinen Küssen verließen, steigerten seine Leidenschaft ins Unermessliche. Seine Hose wurde immer enger.

Mit der einen Hand suchte er den Verschluss des Kleides, den er seitlich an ihrer Taille fand. Er öffnete ihn und glitt mit seiner Hand unter den Stoff. Streichelte mit seinen langen, kräftigen Fingern über die von ihm entblößte Stelle. Ihr kurzes, protestierendes Luftschnappen küsste er einfach weg.

Seine Zunge umspielte ihre, er erforschte ihre Mundwinkel, knabberte an den Lippen, zog sie in seinen Mund und küsste die gereizten Stellen.

***

Anna war nicht untätig. Ihre Hände waren auf Wanderschaft

gegangen. Weil er so groß war, hatte sie viel zu erkunden. Sie schwelgte in seiner Umarmung. Bis ihre Finger seinen Hosenbund erreichten, bildete sie sich ein, er wäre gelassen. Aber kaum, dass sie den Hosenstall berührte, seine große sowie pralle und aufs Höchste erigierte Männlichkeit ertastet hatte, war er es, der die Luft aus der Lunge presste. Diese Erkenntnis beflügelte sie.

Mutig steckte sie einen Finger unter seinen Hosenbund. Zog den Stoff etwas von seiner Haut und streichelte den entstandenen Zwischenraum. Die Wärme, die seine Haut ausstrahlte, verwandelte sich in Hitze.

Ihre vorwitzigen Finger wagten sich weiter, schoben den Knopf durch sein Knopfloch, fanden den Reißverschluss, öffnete ihn und zogen den Stoff auseinander. Sein Glied drückte sich fast wie von selbst aus der engen Gefangenschaft.

Das erregte Keuchen drang in ihr Bewusstsein.

»Du gefällst mir«, gurrte sie fast.

»Das merke ich«, hauchte er an ihren Lippen.

»Ich mache das nicht ...«, sie kam ins Stocken, da er ihr gerade sanft in den Hals biss. »... allzu oft«, beendete sie nach einem tiefen Luftzug den Satz.

»Schade«, hörte sie ihn in ihr Ohr flüstern. »Ich habe gehört, es soll die schönste Sache der Welt sein.«

»Dazu gehören aber zwei.«

»Das stimmt wohl. Aber ich bin überzeugt, wir passen gerade jetzt extrem gut zueinander.« Er zog ihr dabei das Kleid von den Schultern. Küsste jedes freigelegte Stückchen Haut. Fuhr die Konturen nach, wo der Stoff noch auf der Haut saß. Halb über den Oberarmen, knapp über ihren Brustwarzen, die Vorhöfe schauten schon heraus.

»Du trägst keinen BH?«

»Das Kleid hat einen eingenähten, bei der Wärme draußen ist das praktisch.«

»Sehr nützlich.« Damit schob er das Kleid über ihr steifen Nippel und saugte einen davon tief in seinen Mund.

Anna zuckte zusammen, so intensiv war dieses Gefühl. Ihre Lust strömte förmlich durch ihren Körper direkt zwischen ihre Beine. Ihr Slip konnte die austretende Feuchtigkeit kaum noch aufhalten.

Sie stöhnte laut auf und legte den Kopf in den Nacken, bot sich ihm völlig an.

***

Und er nahm dieses Angebot an. Das Kleid streifte er komplett nach unten. Gleich darauf schob er ihr den Slip über ihre vollen Schenkel. Mit einem kurzen Blick orientierte er sich in der Küche, viel Platz bot sie ja nicht. Die Ecke, wo sich zwei Schrankreihen trafen, war sehr passend. Er drängte sie rückwärts dagegen und hob sie, während sie sich auf den Schränken abstützte, hoch. Sie saß in ihrer ganzen nackten Weiblichkeit auf der Arbeitsplatte in der Küchenecke und er hob ihre Beine an, streifte ihre Pumps ab, ließ sie auf den Boden fallen. Eins stellte er auf dem Schrank neben ihr ab und eins behielt er in der Hand.

Er küsste sich einen Weg nach oben. Legte seine Lippen auf ihre Fessel, umkreiste sie, folgte dem Spann und zog jede Zehe einzeln in den Mund. Den gleichen Weg nahm er zurück. Über den Spann, das Fußgelenk, die Waden, verharrte er in der Kniekehle, leckte dort innig die zarte Kuhle und wanderte weiter aufwärts.

Seinem eigentlichen Ziel endlich nahe, drückte er seine Nase und seinen Mund auf ihre feuchte Spalte. Ihr Geruch machte ihn schwindelig. So viel Leidenschaft, so viel Feuchtigkeit. Mit seinen Fingern teilte er ihre Falten und legte einen unglaublichen Anblick frei. Vor Vorfreude stöhnte er. Seine Zunge fand den Weg zu ihrem Kitzler. In kleinen, schlagenden Bewegungen stimulierte er ihn, bis sie vor Lust fast vom Schrank rutschte.

Er drang mit dem Finger in sie ein und bewegte ihn rhythmisch rein und raus. Sie wurde immer unruhiger. Ihre rauchige Stimme ermahnte ihn zu Taten.

»Oh Gott, tu doch was!«

Ihre Ungeduld und Sehnsucht waren deutlich herauszuhören.

»Was möchtest du denn?« Plötzlich fand er das Hinauszögern wahnsinnig erregend.

»Dich in mir spüren, bitte.« Ihr fester, runder Hintern führte kleine, unkontrollierte Auf- und Abbewegungen aus. Mit festem Griff wies er sie an, ruhig zu bleiben. Was wenig Sinn hatte, denn ihr Becken entwickelte ein Eigenleben.

Er streichelt sie weiter. Reizte sie mit den Fingern und mit seinem Mund. »Sag es anders!« Unter vor Leidenschaft halb geschlossen Lidern schaute er sie an.

»Was soll ich sagen?«

»Sag mir genau, was du willst!«

»Hab ich doch schon.« Der leicht verwunderte Ton ließ ihn lächeln.

»Sag es.«

»Ich will dich.«

»Genauer.« Wieder steckte er den Finger in ihre vor Feuchtigkeit glänzende Öffnung.

»Du kannst sicherlich mehr.«

»Schon besser.« Er streichelte die Innenseiten ihrer Schenkel. »Aber noch nicht genau genug.«

Sie stöhnte verzweifelt auf.

In ihrem Blick war nicht nur Leidenschaft zu sehen, auch Frustration machte sich darin breit.

»Komm schon. Sei mutig.«

»Oh Gott ...« Ihr Po rutschte Millimeter für Millimeter nach vorn. »Gib mir deinen Schwanz, steck ihn in meine

Muschi und vögle mich.« Entsetzt schnappte sie nach Luft, so deutlich waren ihr diese Worte sicher noch nie über die Lippe gekommen.

Er nahm seinen Finger aus ihr, richtete sich auf und sein voll erigiertes Glied stand aufrecht von seinem Körper weg. Er trat dicht zu ihr, beugte sich über sie, küsste sie inbrünstig und leidenschaftlich.

Bevor er seinen Schwanz in sie einführte, verharrte er kurz vor ihrem feuchten Loch.

»So vulgär, meine Liebe ...« Damit stieß er in sie. Vor Überraschung und sicherlich auch einem Gefühl purer innerer Fülle stöhnte sie laut auf.

Er umfasste ihre vollen Hüften, presste sich zwischen ihre weit geöffneten Schenkel und bewegte sich rhythmisch vor und zurück.

Leicht kreiste er mit seinem Becken. Ihr Schluchzen vernahm er wie durch einen Dunstschleier. Seine Gier stand ihrer in nichts nach. Die Lüsternheit verzerrte ihr Gesicht. Er hätte es gern gesehen, wenn sie aktiver gewesen wäre. Doch konnte sie in ihrer Position seine Stöße nur empfangen. Hätte sie sie erwidert, dann wäre sie wahrscheinlich abgerutscht.

Andy beobachtete sie ganz genau. Ihre völlige Losgelöstheit, ihr unverfälschter Genuss machten ihn wahnsinnig vor Verlangen. Kurze, feste Stöße bereiteten ihnen beiden den Weg zur absoluten Erfüllung.

Als er bemerkte, wie sich ihre Lust intensivierte, wie ihre Atmung noch schneller und flacher wurde, wie sich ein rosa Schimmer über ihre Haut legte und sich ihre Brustwarzen zu festen Knubbeln zusammenzogen, wusste er, dass sie vom Höhepunkt nicht mehr weit entfernt war. Aber er war noch nicht so weit. Er wollte dieses Spiel auskosten. So lange genießen, wie überhaupt möglich. Sie sollte noch nicht kommen. Andy hatte andere Pläne, um ihre Lust noch zu steigern. Er nahm wieder eine ihrer Brustknospen in den Mund und zog daran, biss leicht in sie hinein, hauchte über das gereizte Fleisch.

Er merkte, wie sie verzweifelt versuchte, sich zurückzuhalten. Fest presste sie ihre feuchte, von ihm aufs Höchste gereizte Vagina an seinen Unterleib und bekam einen kaum zu beschreibenden Orgasmus. Ihr Innerstes zog sich krampfartig zusammen. Das Pulsieren übertrug sich auf sein Geschlecht und er erstarrte wie sie in der Bewegung. Er genoss diese innere Massage und fand sie in ihrer Erlösung wunderschön.

Als er bemerkte, wie ihr Körper wieder weicher wurde, wie sie sich den Nachwirkungen ihres Höhepunktes hingab, begann er, sich erneut zu bewegen.

Er hatte noch einiges vor. So schnell wollte er diese Sache hier nicht beenden. Seine Stöße waren langsam und sinnlich. Andy betrachtete ihre weichen Rundungen, wie sie sich wiegten, wie ihr Busen wippte, wie ihre weichen Schenkel ihn auf Kurs hielten. Immer wieder drang er in sie ein. Sah, wie sich ihre Augen erneut verdunkelten, ihr Atem schneller wurde.

Sie faszinierte ihn.

Er wollte mehr.

Um sie abzulenken, küsste er sie innig und ausgiebig. Währenddessen hob er sie vom Küchenschrank und stellte sie vor sich.

Bis sie richtig realisierte, was er mit ihr vorhatte, hatte er sie auch schon umgedreht, beugte sie über den Küchentresen und wollte sie von hinten nehmen. Jedoch musste er feststellen, dass seine Liebesfee dafür zu klein war. Das fand er jetzt überaus bedauerlich.

Seine Geliebte war allerdings nicht auf den Kopf gefallen, sondern fügte sich in sein Vorhaben und kam ihm mit einer Idee entgegen.

Neben dem einen Schrank hatte sie eine kleine Fußbank stehen, um die Höhenunterschiede zu überbrücken. Auf diese zeigte sie und er ließ sie für einen kurzen Moment los. Holte die Bank, Anna stieg darauf, er drückte sie mit sanfter Gewalt wieder auf den Tresen und hob ihren einen Schenkel weit hoch. Mit einem gezielten Stoß drang er in sie ein. In dieser Position konnte er sehen, wie er immer wieder in sie stieß, wie feucht er sich aus ihr zurückzog, um sich erneut in ihr zu versenken. Das und ihr prächtiger runder Po brachten ihn beinah um den Verstand.

Wie von selbst wurden die Stöße schneller, er drang tiefer und kraftvoller in sie ein. Und Anna stöhnte vor Wonne.

Um sie noch ein Stück weiter in den Himmel der Lust zu schicken, legte er seine Hand auf ihre glühende Spalte und drückte ihren empfindlichen Lustknopf. Das genügte und Annas Innerstes konnte dem Reiz nicht widerstehen, zog sich erneut pulsierend um sein Glied zusammen.

Ihm reichte das als Stimulation. Während ihre Kontraktionen ihn zu massieren schienen, stieß er noch zweimal hart in sie und ergab sich seiner Lust. Tief in ihr verharrte er, pumpte sein Sperma in ihren weichen, willigen Leib.

Zusammengesunken lag er auf ihren Rücken.

»Dieses Arrangement liebe ich. Wie oft hast du vor, dich zu verlaufen?«

»Ich weiß gerade gar nichts, nicht mal meinen Namen.«

Ihr glucksendes Lachen vibrierte durch seinen Körper. Die erregende Wirkung, obwohl er einen grandiosen Orgasmus gehabt hatte und sonst immer tagelang danach befriedigt war, verfehlte nicht den Effekt auf sein Geschlecht, welches wieder zum Leben erwachte.

»So, wie es scheint, bekommst du wieder Hunger.«

Einen kleinen Moment lang wusste er nicht, was sie meinte. Dann ging ihm ein Licht auf. Es war eine Anspielung darauf, dass er ja eigentlich für das Essen abspülen wollte.

Mit einem kleinen Klaps auf den Po zog er sich aus ihr

zurück, half ihr, sich aufzurichten, und zog sie an sich heran.

»Wahrscheinlich brauche ich doch länger Urlaub. Ich glaube, ich habe mich heillos verlaufen.« Er küsste sie, so, als hätte er sich verloren und in ihr wiedergefunden.

»Möglicherweise sollten wir dir eine Landkarte kaufen.« Sie kuschelte sich an ihn und machte ihm einen Vorschlag, über den er nicht lange nachdenken musste. »In der oberen Etage befindet sich ein gemütlicher Ruheraum. Bevor du weiterziehst, kannst du dich dort erholen.« Verschmitzt lächelte sie ihn an. Er fand den Vorschlag so süß, dass er ihr noch mal einen Klaps auf den Po gab.

»Mach es erneut und ich gewöhne mich noch daran!« Dabei reckte sie ihm ihr Hinterteil lockend entgegen.

»Du Biest, darüber können wir verhandeln – in deinem Ruheraum.« Sie kicherte fröhlich und wand sich aus seinen Armen.

»Ich weiß, wo es langgeht. Du auch?« Damit tänzelte sie durch die Küche, schnappte sich ihre Klamotten und floh durch eine Tür.

Andy stand immer noch nackt in der kleinen Küche. Vor zwei Stunden hätte er nicht gedacht, dass sich in diesem Raum alles ändern würde. Und genau das hatte es getan. Und komischerweise freute er sich auf das, was nun kommen würde.

Die geile Bibliothekarin

Sie hielt die Bücher stapelweise im Arm. Das Gewicht, der Geruch nach Papier und das leise Geräusch, wenn man die Seiten umblätterte oder sie nur in das Regal schob, waren ihre Welt.

Jedes Buch war wie ein kleines Puzzleteil in ihrer großen Literaturwelt. Sie liebte jedes von ihnen, ob dünn, dick, Hardcover, mit Softeinband, ob Belletristik oder Lexika.

Leila brachte die abgegebenen Bücher in ihre jeweiligen Abteilungen zurück. Ordnete sie nach Autor, Fachrichtung,

Größe und Ausleihhäufigkeit. Und diese Woche war sie mit dem Verteilen der zurückgebrachten Bücher dran.

Sie mochte diese Arbeit sehr gern, lieber würde sie jetzt aber die Bücher kontrollieren, schauen, dass keine Eselsohren, Schmierereien oder seltsamen Lesezeichen enthalten waren. Eigentlich hätte sie selbst schon ein Werk über den Umgang mit Büchern schreiben können. Papier, Taschentücher, sogar Liebesbriefe oder eine Wurstpelle hatte sie schon aus ihnen herausgesammelt. Schmerzlich hatte sie feststellen müssen, dass Bücher für viele nicht so wertvoll waren wie für sie. Mit Wehmut sah sie den Menschen hinterher, die ihre Lieblinge aus der Bibliothek mitnahmen. Und hoffte im Stillen, dass sie wohlbehalten alle wieder zurückkamen. Was nicht immer der Fall war. Leider.

Gerade als sie mit dem nächsten Stapel den Gang entlangeilte, stieß sie mit einem dort am Boden befindlichen Hindernis zusammen. Sie ließ vor Schreck die Bücher fallen und konnte sich zum Glück so abfangen, dass sie nach hinten auf den Po fiel. Die Barriere entpuppte sich als sehr menschlich und dazu noch sehr männlich. So zumindest hörte sich der erschrockene Laut an, den ihr Hindernis von sich gab.

Beim Fallen hatte sie in Erwartung des Schmerzes, die Augen zusammengekniffen. So konnte sie nicht sehen, wen sie mit ihren Büchern attackiert hatte. Jedenfalls tat *ihr* mächtig das Gesäß weh. Der Aufprall war ziemlich heftig gewesen. Hier hatten die Kräfte der Physik wieder hinreichend gewirkt. Geschwindigkeit und Masse ergaben in Kombination Probleme.

Noch immer mit geschlossenen Augen, verzerrte sie schmerzhaft das Gesicht, beugte sich leicht zur Seite und rieb sich mit der Hand über ihren Allerwertesten. Autsch. Die Landung war wirklich nicht zu übertreffen gewesen.

Langsam hob sie die Lider, die Person, über die sie die Bücher geschüttet hatte, saß zusammengekrümmt ans Regal gelehnt.

Oh je, das sah nicht gut aus. Leila entkam ruckartig ihrer Selbstbemitleidung.

»Wie geht es Ihnen? Habe ich Sie sehr verletzt?«

Der Kauernde war tatsächlich männlich, groß und hatte dunkle Haare. Nur das konnte sie erkennen, denn er hatte den Kopf zwischen die Beine geklemmt und die Arme noch schützend darübergelegt, so, als erwartete er eine weitere Attacke.

Leilas Stimme war leise und besorgt. Durch ihre Arbeit in der Bibliothek musste sie nie lauter sprechen und wollte es auch nicht.

***

Markus hatte sie im ersten Moment gar nicht verstanden. Er war dabei gewesen, sich ein nettes Buch auszusuchen, das nicht jeder zur Buchbesprechung wählen würde. Er hatte schon seit einer geschlagenen Stunde in den weniger gut besuchten Gängen nachgesehen.

Ihm war ein Titel ins Auge gefallen, bei dem er sich kurz gefragt hatte, wie er in dieser Abteilung gelandet war, und hatte sich dann gerade gebückt, als sich gefühlt Hunderte von Büchern über seinen Kopf ergossen hatten.

Die Attacke war vorbei gewesen und dann hatte er eine leise flüsternde Stimme gehört. Er hatte selbst die Richtung, aus der sie gekommen war, nicht orten können. So ätherisch, leise und mit einem seltsam schönen Timbre versehen war sie gewesen.

Ein Traum, diese Stimme konnte nur ein Traum sein. Ein Produkt seines Gehirnes nach diesem Trommelfeuer an Aufschlägen.

Möglicherweise hatte er eine leichte bis mittelschwere Gehirnerschütterung.

***

Leila machte sich jetzt ernsthaft Sorgen um ihn. Er hatte auf ihre Frage hin nicht einmal mit den Schultern gezuckt.

»Hallo, hören Sie mich?«

»Geh weg, du bist nicht real.«

Leila hatte sich auf die Knie hochgearbeitet und ließ sich, stumm vor Erstaunen, zurücksinken.

Der Mann ihr gegenüber, richtete sich aus seiner zusammengekauerten Haltung nach hinten auf, legte eine Hand auf seine Brust, so als würde er versuchen, seine Atmung zu kontrollieren. Sie hoffte, dass er nicht allzu starke Verletzungen hatte.

Leila war zwar immer noch verwirrt, aber sie hatte den Unfall verursacht, sie musste etwas tun. Immerhin arbeitete sie hier.

»Es tut mir leid. Brauchen Sie Hilfe?«

»Schön, wenn du nicht gehen willst, dann zaubere die Kopfschmerzen weg.«

Leise lachte Leila. Dieser Ton schien ihn magisch anzuziehen, denn er schaute sie jetzt an.

»Es gibt dich wirklich?« Ein wenig schmerzerfüllt hörte sich seine Stimme an und seine Augen richteten sich auf sie. Ein verstörter Blick glitt über ihren Körper. Sie konnte ihn ja verstehen, was er zu sehen bekam, war nicht gerade berauschend. Immerhin, ihr Spiegel log nicht. Sie fand sich dürr, zu groß und hatte keine prallen Rundungen vorzuweisen wie ihre eine Kollegin (was ihr immer bewundernde Blicke, hauptsächlich von den männlichen Besuchern, einbrachte). Sie trug eine ziemlich große, dunkel umrandete Brille auf ihrer viel zu kleinen Nase. Die langen, fast schwarzen Haare hatte sie immer fest im Nacken zusammengebunden.

***

Als er es endlich schaffte, die Augen zu öffnen, ohne Angst zu haben, dass sie herausfallen würden, war er baff. Dieses zarte, fast ätherische Wesen erhöhte seinen Pulsschlag, was seinen Kopfschmerzen nicht zugutekam. Sie war zierlich, fast schon filigran. Ihre Arme und Schultern wirkten zerbrechlich. Lange schwarze Haare umrahmten ihr Gesicht und auf der entzückenden Nase saß eine große Brille mit dunklem Rahmen, die ihre Augen riesig wirken ließ. Markus wusste nicht, ob es an den Schlag auf den Kopf lag, jedenfalls fand er dieses Wesen zauberhaft.

»Wenn ich könnte, würde ich Ihnen Ihre Kopfschmerzen sofort wegzaubern. Leider kann ich Ihnen im Höchstfall eine Schmerztablette oder einen Krankenwagen anbieten.« Die leise und leicht raue Stimme passte perfekt. Sie kniete immer noch neben ihm und wirkte ein wenig hilflos.

»Ich würde das Erstere vorziehen.«

»Ersteres?« Leicht konfus, schien sie darüber nachzudenken, was das war. Ein Erkennen leuchtete auf und sie versuchte, aufzustehen.

»Wollen Sie hier sitzen bleiben oder mit in den Pausenraum kommen? Da gibt es zumindest Stühle.« Schon wieder stellte sie ihn vor eine Wahl. Er zuckte erst einmal mit den Schultern. Markus wollte sehen, ob ihm nach dem Aufstehen schlecht wurde, sich die Welt vor seinen Augen drehte. Das hätte er dann aber gern ohne Publikum getestet. Er beobachtete, wie sie im Aufstehen begriffen war, als sie einen kleinen Schmerzlaut von sich gab und mit leicht verzerrtem Gesicht die Hand auf ihr Hinterteil legte. Mittlerweile starrte er sie an und war sich in nichts mehr sicher. War sie echt? War sie ein Erscheinung? Wahnvorstellungen sollten aber keine Schmerzen haben! Oder doch?

Seine Gedanken schossen wie kleine Raketen in seinem Kopf herum. Kein Wunder, dass er dröhnte wie eine Glocke nach dem Gong. »Also bist du doch kein Trugbild, keine Fee?« Die Frau blickte ihn verwundert an.

***

»Trugbild?«

»Ja, ein ätherisches Wesen. Du bist keins. So viel steht fest. Oder nicht? Ich bin verwirrt.«

»Die Verletzungen müssen schwerwiegend sein, denn Sie reden ganz schönen Schwachsinn.«

»Tue ich?«

Entrüstet schüttelte sie den Kopf, so viel Blödsinn hatte sie noch nie gehört.

»Würden Sie jetzt bitte versuchen, aufzustehen, dann können wir entscheiden, ob Pille oder Notruf.«

»Gibt es im Feenreich einen Notruf?«

Trotz ihrer Schmerzen am Hintern wollte sie ihm ihre Hand reichen, aber jetzt schlug sie sich damit an die Stirn.

»Wir sollten die Pille weglassen. Ich werde jetzt zum Empfang laufen und Ihnen einen Notarzt rufen.«

Gerade als sie sich erheben wollte, schoss seine Hand in ihre Richtung und umfasste ihr Handgelenk.

***

»Geh nicht, lass mich nicht zwischen den ganzen Geistern der Geschichte zurück.« Markus hatte ein wenig Angst, dass – wenn sie ginge, er sie nicht wiedersehen würde. Dass sie sich auflösen könnte und zu ihren zauberhaften Freunden zurückkehren würde – wo auch immer die wohnten.

Irgendwie schien sie wütend auf ihn zu werden.

»Hören Sie. Wir versuchen jetzt, gleichzeitig aufzustehen, dann führe ich Sie nach unten und Sie verlassen die Bibliothek oder ich rufe einen Arzt.«

»Feen sind nicht forsch, Feen sind gütige, ruhige, liebevolle und entzückende Wesen ... Bist du eine Fee?« Er drehte sich auf alle viere, versuchte, aus dieser Position heraus, sich an den Regalen hochzuziehen. Sein zartes Wesen konnte dem nicht länger zusehen und legte ihm ihre Hände auf den Rücken, stützte ihn von hinten. »Du bist zwar entzückend, aber nicht liebevoll. Du willst mich einfach nur loswerden.«

***

Wenn Leila die Stimmlage jetzt hätte interpretieren sollen, würde sie sagen, dass es sich weinerlich anhörte. Kein feiner

Zug für einen großen Mann. Nun, sie musste ihm zugestehen, er war verletzt. Und verletzte Männer starben erst, bevor sie sich behandeln ließen.

»Hören Sie, ich möchte Sie nicht loswerden.« Was so nicht stimmte, denn sie wollte ihn unbedingt loswerden. Dieser Mann war anstrengend. »Aber ich habe gleich Feierabend und wie es scheint, sind wir sowieso fast die Letzten hier im Gebäude.« Im Stillen hoffte sie wirklich, dass so gut wie keine Besucher mehr anwesend und die Kolleginnen fertig waren mit der Computerarbeit und den Abrechnungen.

»Ich möchte die Pille.« Wiederholte er nochmals. Leila konnte es nicht fassen, sie hatte echt gehofft, ihn schnell vor die Tür setzen zu können. Innerlich stöhnte sie.

»Schön.« Sie stemmte sich gegen ihn, damit er endlich auf die Beine kam.

»Bist du dann noch da?« Leila fand, langsam musste er doch wieder zu Verstand kommen.

»Wo sollte ich denn sein?« Seine Frage ergab einfach keinen Sinn.

»Wenn meine Kopfschmerzen nachlassen, bist du dann noch da?«

»Guter Mann ...« Sie musste wirklich mit ihm sprechen wie mit einer geistig verwirrten oder schon dementen Person. Sie grinste. Dann räusperte sie sich. »Vielleicht, das kommt ganz darauf an, wie Sie sich jetzt benehmen. Denn wir Feen sind leicht zu verschrecken.« Sie schüttelte den Kopf und verdrehte die Augen. Jetzt begann sie auch schon, so einen Mist zu labern.

***

Endlich stand Markus. Der Schmerz und der Schock saßen tief, aber sie schienen beide etwas nachzulassen. Normalerweise war er nicht so empfindlich, aber eins der Bücher hatte ihn an der Schläfe und eins knapp hinter dem Ohr getroffen. Er konnte froh sein, keinen Schädelbasis- oder Schläfenbeinbruch davongetragen zu haben. Und diese zarte, feengleiche Erscheinung half ihm nicht, seinen Zustand schnell zu verbessern. Erst als sie ihm beim Aufstehen berührte, war er sich fast sicher, dass sie kein mystisches Wesen war. Sie hatte einen unerwartet festen Griff. Und packte ordentlich zu.

»Du bist keine Fee.« Er wollte es eigentlich nicht laut sagen, aber seine Gedanken waren noch nicht wieder in den richtigen Bahnen.

»Ach, nun doch nicht. Schade.« Im Stillen wollte sie sicher noch hinzufügen *Ich habe mich gerade daran gewöhnt,* aber das hätte sie bestimmt auch sonst nie gesagt. »Sehen Sie, Einsicht ist der erste Weg zu Besserung. Wir gehen jetzt in den Pausenraum. Dort bekommen Sie von mir eine Kopfschmerztablette. Ich schaue mir Ihren Kopf mal kurz an und dann gehen wir heim.«

Markus interpretierte in *Gehen wir heim* etwas anderes hinein. Sein Kopf war immer noch leicht außer Gefecht gesetzt.

»Das ist eine gute Idee.«

Mittlerweile stand er sicher und aufrecht, brauchte sich nur noch mit einer Hand am Regal abzustützen. Die Bücher würden nicht alles dazu beigetragen haben, dass er sich so ausgeknockt fühlte. Er wusste, dass er im Moment selbst etwas überarbeitet war. Seine mentale Seite sehr angespannt war. Womöglich ein Zusammenspiel von allem. Langsam drehte er sich um, die junge Frau neben ihm beobachtete ihn skeptisch. So als würde sie, wenn er strauchelte, lieber einen Schritt zur Seite gehen. Die Vorstellung gefiel ihm und er musste süffisant grinsen. Das war doch frech, erst schlug sie ihn zum Krüppel und dann ließ sie ihn wieder fallen. Er, der große Kerl, würde vergeblich hoffen, von einer zarten Fee aufgefangen zu werden.

Sie sah wirklich wie eine typische Bibliothekarin aus. Das totale Klischee. Schüchtern, zurückhaltend und irgendwie unauffällig.

Und doch erblickte er hinter der Fassade etwas Verborgenes, Abenteuerlustiges, Aufregendes. Die Brille vergrößerte ihre Augen, sie nahmen fast das ganze Gesicht ein. Wundervolle braune Augen schauten ihn abwartend an.

Ohne weiter darüber nachzudenken, ob sie nun eine Fee war (was natürlich, je klarer sein Verstand arbeitete, absolut unwahrscheinlich wurde) und wo er sich befand, fasste er nach ihrem Arm. Zog sie weiter an sich heran. Er hatte jetzt etwas ziemlich Verwegenes im Sinn. Er wollte testen, ob dieses Wesen real war.

»Was wi…« In diesem Moment drückte er seine Lippen auf ihre. Nutzte aus, dass ihr Mund noch von dem Wort leicht offen stand und drang mit seiner Zunge zwischen ihre weichen feuchten Lippen.

***

Wie erstarrt stand Leila an ihn gepresst. Sie bemühte sich, keine Regung zu zeigen, ihn nicht mehr zu berühren als nötig. Ihn nicht weiter in seinen Taten zu bestärken. Eigentlich sollte sie ihn von sich stoßen, das würde sie auch tun. Gleich. Bestimmt.

Doch seine Zunge an ihren Lippen, seine streichelnden Finger an ihrem Arm gaben ihr das irrige Gefühl, er würde wirklich sie, Leila Martens, küssen. Und nicht irgendein feengleiches Wesen aus seiner Fantasie.

Sie versuchte, die Hände zwischen ihn und sich zu heben, sie vor seine Brust zu legen und sich von ihm wegzustemmen. Das kurze erregende Gefühl würde sie tunlichst ignorieren müssen.

Mit sanfter Gewalt drückte sie sich von ihm weg. Gierig beugte er sich in der Bewegung vor. Während sie sich zurückzog, neigte er sich immer weiter über sie.

»Nein – halt – was soll das?«

»Ich muss mich davon überzeugen, dass du kein surreales Wesen bist.«

»Bitte, hören Sie jetzt auf, reißen Sie sich zusammen.«

Immer noch lagen ihre Hände auf seinem Brustkorb, den sie versuchte, von sich zu schieben. Genau wie den restlichen Mann. Einen Moment hielt sie inne, der feste Körper unter dem Hemd fühlte sich stahlhart und unglaublich warm an. Sie bemerkte kaum, dass er seinen Mund erneut von ihrem löste. »Wie viele waren es?«, hauchte er ihr ins Ohr.

»Bitte?« Leila war völlig neben sich. Den Gedankensprüngen dieses Mannes konnte sie einfach nicht folgen.

»Bücher ... Wie viele hast du auf mich fallen lassen?« Oh, Leila warf ihm einen sehr bösen Blick zu. Ein wenig außer sich wollte sie anfangen, ihm eine Moralpredigt zu halten, da besann sie sich und holte lieber tief Luft.

»So ungefähr ... na ja, etwa sechs dicke Bücher.« Es zuzugeben, war nicht so schön. Und es war wirklich reine Tollpatschigkeit gewesen. Sie war einfach in Gedanken versunken gewesen, ausgerechnet da hatte er außerhalb ihres Blickfeldes kauern müssen.

Ärgerlich.

Aber nun war es geschehen, sie musste ihn behandeln, ihn so schnell wie möglich aus der Bibliothek bekommen und endlich Feierabend machen. Immerhin hatte sie zu Hause noch eine schöne neue Lektüre liegen, die darauf wartete, durchgelesen zu werden.

Langsam gingen sie schweigend die langen Gänge entlang, kamen zur Gabelung, die zum Hauptweg abbog, und endlich waren auch die Treppen in Sicht. Sie führte ihn hinunter und öffnete die Tür zum Pausenraum.

***

Markus setzte sich, der Weg hatte ihn widererwarten doch angestrengt. Er war ja selbst fast ein fertig ausgebildeter Arzt. Das letzte Semester ging endlich zu Ende. Noch ein paar Wochen, die Approbation hinter sich bringen und dann durfte er endlich in die Gemeinschaftspraxis einsteigen. Seinen zukünftigen Patienten hätte er jetzt absolute Bettruhe und das Kühlen der Beulen verordnet. Aber wenn er diese Bibliothek jetzt und in diesem Zustand verließ, so hatte er das Gefühl, etwas zu verpassen, eine Gelegenheit ungenutzt zu lassen. Und dafür war er auf keinen Fall der Typ.

Er hatte den Gedanken noch nicht zu Ende gedacht, da war seine feenartige Bibliothekarin wieder da. Reichte ihm ein Glas mit Wasser und hielt ihn eine Tablette in der anderen Hand hin.

Zweifelnd betrachtete er erst die Pille, um dann in ihr Gesicht zu blicken. »Was ist das?« Er deutete auf ihre Hand mit dem Medikament.

»Ich würde es als Kopfschmerztablette bezeichnen.«

Seine Augenbraue schnippte regelrecht nach oben. »Ich würde es als Mordversuch bezeichnen!«

Abrupt stellte sie das Glas hin, knallte die Tablette daneben, dabei wäre sie fast vom Tisch gerollt, und stützte ihre Arme in ihre Seiten.

»Wie bitte?«

»Na, woher soll ich wissen, dass es wirklich ein Schmerzmittel ist? Kann auch Meth oder Zyanid oder Strychnin sein.« Auch wenn er sie leicht provozieren wollte, war es schon ein makabrer Scherz. Trotzdem fand er ihn gelungen.

»Sie wollen mich verarschen?« Sie musste von dem Ausbruch selber erschrocken gewesen sein, denn sie schlug sich entsetzt ihre Hand vor den Mund. Hinter der Brille wurden ihre Augen noch um einiges größer. Ein geschocktes *Sehen Sie, was Sie aus mir machen?* flüsterte sie hinter vorgehaltenen Fingern.

Markus saß auf dem Stuhl und war einen winzigen Augenblick baff gewesen, dann kribbelte aber ein Lachen in ihm hoch, das sich so gut anfühlte, dass es raus wollte.

Er konnte nicht anders, er musste lachen. »Es tut mir leid«, war alles, was er unter den Lachsalven hervorbekam.

Deutlich konnte er sehen, wie sie einschnappte. Ein trotziger Zug legte sich um diese süßen Lippen, die ihm vorhin auf unerwartete Weise weich und überhaupt nicht abwehrend entgegengekommen waren. In seinem Kopf sah er eine weitere Szene klar vor sich ablaufen. Wie er ihre Bluse öffnete, wie er seinen Kopf zu ihren Brüsten senkte und ihre Brustwarzen sanft mit den Lippen umschloss. War er froh, dass er in diesem Moment schon saß, denn sein Schwanz zeichnete sich als mächtige Beule in seiner Hose ab.

***

Leila war pikiert, fühlte sich angegriffen. Noch nie hatte sie sich so gehen lassen, jemanden auf diese Art angesprochen. Und so hatte sich noch kein Mann ihr gegenüber benommen. Eigentlich hatte sich noch nie jemand so benommen.

So ein einfältiger Pinsel.

Auch wenn er verletzt sein sollte, so musste sie sein rüdes Benehmen sicherlich nicht ertragen.

»Gut, dann nehmen Sie die Tablette nicht, ich rufe Ihnen jetzt ein Taxi und Sie verlassen bitte umgehend das Gebäude.« Die Arme mittlerweile unter der Brust verschränkt, gab sie eher ein eingeschnapptes Bild ab. Diese Haltung betonte ihre zierliche Gestalt noch mehr und sie fühlte sich keineswegs vor ihm sicher. Jetzt runzelte sie die Stirn. Bis auf den Kuss, den er ihr sicherlich in seiner geistigen Umnachtung gegeben hatte, hatte er keinerlei Annäherungsversuche unternommen. Warum also war sie so sauer? Bis vorhin war ihr noch Tag in normalen Bahnen verlaufen, keine Aufregung und keine Störungen. Jetzt hatte sie eine und die gefiel ihr nicht. Was war nur los? Er war ein großer, wahnsinnig attraktiver Mann, er hatte sie als Fee bezeichnet. Als zartes Wesen. Warum fühlte sie sich nicht wenigsten etwas geschmeichelt? *Weil er eine Gehirnerschütterung hat? Leila – du machst dir etwas vor.*

Sie war und blieb nur eine einfache Bibliothekarin. Solche Männer wie er gab es nur in den romantischen Büchern, die sie ab und zu las. Sobald sein Kopf und sein Verstand wieder normal arbeiteten, würde er im Laufschritt das Weite suchen.

***

Markus, Markus … du solltest zurückhaltender vorgehen. Wenn du es vermasselst, bekommst du möglicherweise keine zweite Chance. Er kniff die Augen zusammen, eine Chance auf was? Noch dabei, das auszuloten, wurde seine Aufmerksamkeit durch ihre Bewegung wieder auf sie gelenkt. Ihre hervorgehobenen Brüste sprangen ihm sofort ins Auge.

»Ich denke, wir beenden hiermit diesen Abend. Ich hole jetzt mein Telefon, rufe Ihnen ein Taxi …« Sie war im Begriff, sich abzuwenden und den Raum zu verlassen. Das musste Markus unbedingt verhindern.

»Es tut mir leid. Ich bin dir ehrlich zu Dank verpflichtet, allerdings …« Er erhob sich langsam, ging um den Stuhl herum und näherte sich Leila. »… bin ich so schwer verletzt, dass ich womöglich nicht in der Lage bin, alleine irgendwo hinzugehen.« Markus stand unmittelbar hinter ihr.

Er wusste, dass er auf Frauen eine sehr spezielle Wirkung hatte, das hatten ihm seine Freundinnen und auch Möchtegern-Freundinnen immer wieder bestätigt. Sie behaupteten immer, nur ein Blick von ihm würde genügen und ihre Knie würden sich in Pudding verwandeln. Außerdem sollte ihn eine verruchte Aura umgeben. Was auch immer das zu bedeuten hatten.

Wie gern wollte er es von dieser hübschen, zierlichen Frau bestätigt wissen. Dafür war er Macho genug.

Vorsichtig hob er die Hand, berührte ihren Oberarm, sacht und zärtlich, sie sollte auf keinen Fall zurückweichen oder sich ihm total entziehen.

Mit den Fingerspitzen folgte er den Konturen ihres Blusenärmels, berührte den Ellenbogen und streichelte den Unterarm. Es war sehr vorteilhaft, dass sie nicht zu klein war. Sie ging ihm bis zur Nasenspitze, solche Frauen hatte er nicht oft getroffen, da er selbst fast zwei Meter groß war. Das war eine Offenbarung.

Sie blieb einfach abwartend stehen. Konnte oder wollte sich nicht rühren.

Leise flüsterte er ihr ins Ohr: »Ich brauche Hilfe, vor allem darf ich jetzt auf keinen Fall alleine bleiben. Die Nachwirkungen können verheerend sein.« Er küsste sanft ihr Ohr. »Ich weiß, wovon ich spreche. Ich bin angehender Arzt.« Er berührte mit den Lippen ihr Ohrläppchen. »Mit Anatomie kenne ich mich gut aus.« Lächelnd, mehr für sich selbst, fügte er hinzu: »Auf dem Gebiet der Schädeltraumata bin ich eine Koryphäe.«

***

Leila hatte diesen Nachsatz erst gar nicht richtig verstanden. Als er dann langsam in ihrem Kopf reifte und die lüsternen Gefühle, die seine Berührungen in ihr auslösten, etwas zur Seite drängte, entlockte er ihr ein kleines freches Lachen.

»Daran hätte ich nicht einmal im Traum gedacht.« Sie lächelte und er drückte seine heißen, gierigen Lippen auf ihren Hals.

Leila schnappte vor Überraschung nach Luft. Sie hatte damit gerechnet, dass er sie leicht verspotten wollte. Und es dann dabei beließ. Diesem Angriff auf ihre hochsensiblen Sinne, hatte sie nichts entgegenzusetzen. Sie erbebte und erzitterte. Und er bemerkte es offensichtlich, der Schuft.

Sie wollte sich von ihm lösen, da presste er ihr die Hand auf den Bauch, drückte sie gegen seinen stahlharten Körper, ließ sie sein schon im höchsten Maße geschwollenes Glied spüren. Leila schnappte nach Luft. So etwas hatte sie bisher noch nie erlebt. Ihre dürftigen sexuellen Erfahrungen kamen hier nicht mit. Leicht fühlte sie sich überfordert. Natürlich hatte sie schon mit einem Mann geschlafen, aber das war mehr Fummelei unter der Bettdecke gewesen, während der Ausbildung, im Wohnheim. Aber das hier? Dieses offensichtliche Verlangen? Wie kam sie aus dieser Sache wieder raus?

Der andere Gedanken in ihr machte sie neugierig. Ließ sie erschaudern, gaukelte ihr womöglich Bilder vor, die sich nie so abspielen würden, wenn er sie nicht so aufreizend geküsst hätte. Was wäre, wenn sie heute ein böses Mädchen wäre? Wenn sie das einfach auf sich zukommen lassen würde?

Ihr Atem ging stoßweise. Ob vor Sehnsucht nach mehr oder Überraschung, da war sie sich nicht wirklich schlüssig.

»Was soll das werden?« Ihre leise Stimme erschien ihr durch die Erregung rauer und sinnlicher. Möglich, dass ihm weitere Argumente einfielen, damit sie doch nicht so brav bleiben würde. Noch erschrak dieser Gedanke sie. Denn das würde bedeuten, dass sie all ihre Vorsätze über Bord warf.

Dieses raue Timbre! Ihm lief eine Gänsehaut über die Arme. Dieses Abenteuer würde lange in beider Erinnerung bleiben. Der Beginn war schon ein wahres Schauspiel.

»Ich bin mir über das Ende noch nicht sicher, aber der Anfang ...« Dabei hauchte er sinnliche kleine Küsse auf ihre Halsbeuge. Während er sie damit schachmatt setzte, gleichzeitig mit der einen Hand über ihre Taille strich und mit der anderen sanft über ihren Bauch nach oben fuhr.

Leilas Alarmglocken schrillten in den höchsten Tönen. Aber sie schien sie heute einfach ignorieren zu müssen. Sie stellte sie aus.

Gleichzeitig genoss sie seine sanften Berührungen, genoss seine gehauchten Küsse auf ihrer Haut. Sie fühlte sich überrumpelt, eingenommen von seiner Präsenz.

Wo waren seine Kopfschmerzen hin? Seine ach so schweren Verletzungen? Sie schienen ihn bei seinem Vorhaben nicht zu behindern.

Ihr war es jetzt allerdings egal. Sie wollte nur noch genießen. Die Konsequenzen, na, darüber würde sie sich morgen den Kopf zerbrechen müssen. Heute nicht. Hier in der Bibliothek, zwischen all den Büchern, ihren Lieblingen, fühlte sie sich sicher, geborgen und gut aufgehoben. Das konnte nur ein gutes Omen sein.

Ganz behutsam drehte er sie zu sich. Nahm sie in seine Arme und bedeckte ihre Lippen mit den seinen. Intensiv, leidenschaftlich, berauschend. Er schmeckte so aufregend. So weltgewandt, verrucht und sündhaft. So, wie seine ganze Aura auf sie wirkte.

»Du bist definitiv keine Fee.«

»Das habe ich dir doch vorhin schon zu verstehen gegeben«, flüsterte sie leicht abwesend.

»Verrate mir deinen irdischen Namen.«

»Meinen was?«

»Wie heißt du?« Er lächelte an ihren Lippen.

»Oh … ich …« Bevor sie jedoch antworten konnte, küsste er sie erneut. »Leila«, stöhnte sie, während er seine Lippen auf ihren Mundwinkel presste.

»Hallo, Leila, mein Todesengel und gleichzeitige Lebensretterin. Ich muss mich bei dir bedanken, Leila.« Jedes Mal, wenn er ihren Namen gegen ihren Mund flüsterte, spannten sich in ihrem Bauch die Muskeln an und sie konnte das Vibrieren und Kribbeln bis in die Zehenspitzen spüren. Sie trug wie immer eine weise Bluse, darüber einen gestrickten Pullunder und eine dunkle Stoffhose. Ihre aufgerichteten Brustwarzen rieben an dem Blusenstoff und der Pullunder tat sein Übriges dazu. Sie war so auf ihn fixiert. So erregt.

Was er mit ihr anstellte, war berauschend, im wahrsten Sinne des Wortes. Ihr Blut wurde mit Hochdruck durch ihre Adern gepumpt. Sie konnte ihren Puls spüren, sehr intensiv, sehr deutlich am Hals – Schlag für Schlag. Und er scheinbar auch. Erst erkundeten seine Finger ihren schlanken Hals, dann wanderten seine Lippen diesen Weg hinab. An der pochenden Stelle verharrte er und drückte seinen Mund fest darauf. Leckte über die feuchte Stelle.

Leila stöhnte auf.

»Was machst du da?« Sie versuchte, die letzten Reste ihres Verstands zu sammeln und sich gegen ihn zu wehren. Sie wollte die Vernünftigere sein. Sie musste das hier beenden. Aber sie hatte keine Kraft. Sie konnte sich gegen seine erotischen und sinnlichen Angriffe nicht erwehren. Wollte es auch nicht. Wo sollte das nur enden?

In diesem Moment schaltete auch ihr Urteilsvermögen ab. Er hatte mit den Händen ihren Busen erreicht und streichelte, durch ihre Kleidung hindurch, in kleinen Kreisen die gewölbten Unterseiten entlang. Seine Daumen umrundeten unaufhörlich diese empfindsamen Stellen. Immer weiter engte er in der Bewegung sein Ziel ein. Er ließ sich unglaublich viel Zeit, die Nippel durch den Stoff zu finden. Leila trug heute keinen BH, nicht mal einen einfachen Bügel-BH, denn der Pullunder verdeckte sehr gut die Brustspitzen, wenn sie vor Kälte standen. Dass sie jetzt steil aufgerichtet waren, lag sicherlich nicht an der Raumtemperatur.

Leila fieberte darauf und hoffte, er würde es endlich tun. Zwischen ihren Beinen breitete sich eine angenehme Wärme aus. Verstand und Vernunft waren verschwunden. Lust, Gier und Leidenschaft standen jetzt im Vordergrund. Es war, als würde er mit jeder Berührung ihren Geist ausschalten und ihn durch Gefühle ersetzen. Gefühle, die sie erregten, die sie vergessen ließen, dass sie sich im Pausenraum ihrer Arbeitsstelle befanden.

Sie musste etwas tun, sie bewegte ihre Finger und legte sie auf seine. Zart streichelte sie über seine Fingerknöchel, bewegte sich zu den Handrücken, weiter zu den Gelenken, umkreiste diese.

***

Diese zarte Berührung überzeugte Markus, dass sie auf dem besten Weg war, sich ihm zu ergeben. Langsam und vorsichtig zog er seine Hände unter ihren hervor. Nahm dann ihre und legte sie ihr auf den Busen. »Berühre sie«, forderte er sie auf.

Vermutlich geschockt von seiner Aufforderung, ließ sie ihre Hände auf ihrer Brust liegen. Still und starr. Totale Verunsicherung stand in ihrem hübschen Gesicht.

Er legte jetzt seine Finger über ihre und folgte damit den zarten Konturen.

»Tu es.« Ihr zittriger Atem war für ihn Beweis genug. Mit einem gewagten Manöver zog er ihr den Pullunder hoch, hob dabei ihre Arme, schaute an ihren schmalen Schultern vorbei und bewunderte ihren Busen, der sich sanft mit der Bewegung hob. Das Kleidungsstück schmiss er auf den Tisch und wies sie an, die Arme wieder zu senken. Willig ließ sie alles geschehen.

Noch immer stand er hinter ihr, blickte über ihre Schulter. Legte ihre Hände zurück auf ihre Busen und forderte sie zum wiederholten Mal auf, sich zu berühren. Nebenbei öffnete er Knopf für Knopf ihre Bluse, zog sie aus der Hose, um sie ihr dann mit einem Ruck über die Schultern zu ziehen. An den Ellenbogen stoppte er und sie war in der Bewegung gefangen. Wie gebannt starrte er auf die freigelegte Haut. Beugte seinen Kopf und strich mit den Lippen von der rechten Schulter zur Halsbeuge, schmeckte jeden Zentimeter ihrer Haut. Folgte mit der Zunge jeder Vertiefung und Erhöhung. Die Erhebung des Schlüsselbeines umrundete er intensiv. Wieder an der Wirbelsäule, legte er seinen offenen Mund auf ihre Haut und umkreiste die Stelle. Ab und zu setzte er auch seine Zähne ein, um sanft an ihr zu ziehen. Es schien, als konnte sich ihre Haut nicht entscheiden, sollte sie eine Gänsehaut bilden oder glühend heiß werden. Fasziniert betrachtete er sein Werk.

***

Schlagartig wurde Leila bewusst, dass sie ja oberkörperfrei vor ihm stand. Sie war froh, dass ihre Hände ihren Busen bedeckten. Sie ersetzten den fehlenden BH. Sie fühlte sich nackt. Jetzt ärgerte sie sich ein bisschen, keinen zu tragen. Aber wer rechnet denn schon mit so was? Das hatte sie nun davon.

Eigentlich sollte sie doch fliehen, so schnell wie möglich versuchen, sich aus den Staub zu machen. Aber nein. Sie stand wie angewurzelt vor ihm.

Und wieder genoss sie seine Stimme, die zärtliche Nichtigkeiten in ihr Ohr flüsterte. »Ja, gut so, du bist ein braves Mädchen – vielleicht erinnerst du mich doch an eine Fee.« Die tiefe rauchige Stimme rann durch ihren Verstand, machte sie trunken nach Mehr. Als seine Finger ihren Hosenbund fanden, sacht die Haut darunter berührten und sanft streichelten, musste sie sich an ihn pressen, da sie kaum noch stehen konnte. Er löste den Knopf und schoben den Reißverschluss nach unten. Seine Hand hatte ausreichend Platz, um zwischen Haut und Hose hineinzuschlüpfen.

Der überraschte Laut, der von seinen Lippen entfloh, als er zu ihrer weichen, feuchten Spalte vorgedrungen war, ließ sie erschaudern und sie bog den Kopf leicht nach hinten an seine Schulter. Sie wusste, er konnte die vielen kleinen Härchen, die dort wuchsen, ertasten. Ein peinliches Gefühl wollte in ihr aufwallen, denn eine unrasierte Muschi, so etwas war verdammt selten. Sollte sie sich Vorwürfe machen, dass sie sich nicht rasierte? Vielleicht, aber wenn sie geahnt hätte ... Sein Schwanz schwoll deutlich an. Scheinbar brauchte sie sich keine Gedanken zu machen, denn es törnte ihn unheimlich an. Sein festes Glied drückte auf einmal noch forscher an ihren Po.

***

Wann hatte er das letzte Mal eine Freundin oder Geliebte gehabt, die noch Schambehaarung hatte?

Wahnsinn, er fuhr völlig darauf ab.

Mit offenem Mund berührte er ihre Haut auf der Schulter. Stöhnte heiser dagegen und biss leicht hinein. In diesem Moment waren sie beide verloren, er wollte diese sinnliche, attraktive Frau und sie ihn.

Er drehte sie in seinen Armen zu sich um, so konnte er endlich ihren wundervollen kleinen, straffen Busen betrachten. Gierig fuhr er sich mit der Zunge über seine Lippen.

Die Macht, die sie über ihn ausübte, gestand er sich guten Gewissens ein. Ihr Becken hatte sich vorhin wie von selbst an seinen Unterleib gepresst. Ihre restliche Körperhaltung war zwar eher zurückhaltend, aber die Hauptsache spielte schon mit. Jetzt musste er nur noch den Willen ihrer Hände beeinflussen, dann würde das ein erquicklicher Abend werden. Er strich mit den Fingern ihre Bluse komplett ab. Zog sie wieder näher an sich heran, neigte seinen Kopf, nahm den ihren in seine Hände und senkte seinen Mund endlich auf ihre Lippen. Sanft strich er darüber, testet, ob sie so weich und willig waren, wie er es erhoffte. Langsam nahm er ihre Unterlippe zwischen seine Zähne, grub sie sanft in ihr feuchtes Fleisch und beide stöhnten vor Genuss.

Seine Hände wanderten über ihren Hals, über die Schultern, den Armen hinab zu ihren Fingern. Diese hob er an, einen führte er zu seinem Mund, nahm dann jede Fingerspitze einzeln zwischen seine Zähne und spielte mit der Zunge kurz daran. Anschließend saugte er an ihnen und schaute ihr dabei tief in die Augen. Er konnte sehen, wie sich mit jedem Finger ihre Pupillen weiteten. Ihr Verlangen immer mehr wuchs.

Die andere Hand hatte er auf ihren Hals gelegt, damit er ihren Kopf stützen konnte.

Seine Kopfschmerzen waren auf wundersame Weise komplett verschwunden.

***

Leila war sich ihrer Macht bisher nicht bewusst gewesen. Erst als sie in seine Augen sah und die unverhohlene Leidenschaft lesen konnte, hob sie die Arme und legte sie ihm um den Hals.

»Ich bin gerade etwas neben der Spur! Was tun wir hier?«

»Dich zu verführen, ist mein Plan. Was ist deiner?«

Seine Hände waren stetig in Bewegung, streichelten ihre Schultern, ihre Arme, ihren Rücken. Jede Berührung löste eine andere Empfindung in ihr aus. Sehnsucht, Wollust, Gier und eine noch nicht erlebte Sinnlichkeit.

Wenn er sie noch weiter so reizen würde, käme sie tatsächlich auf die Idee, ihm die Klamotten vom Leib zu reißen. Ihn zu küssen, ihn zu berühren.

Doch ein Rest Vernunft meldete sich kurz zurück. »Ich … Ich weiß nicht …«, da berührte er eine hochempfindliche Stelle an ihrem Ellenbogen, »… ob das richtig ist?« Sie stöhnte, den Stirn gegen seine Brust legend. Endlich getraute sie sich, sich ihm zu nähern. Den Kopf angelehnt, die Hände hob sie an seine Taille, legte sie kurz über seinen Hosenbund, getraute sich aber nicht, sie darunter zu schieben.

Einen Moment lang standen sie da, bewusst den anderen fühlend.

Seine Stimme riss sie aus ihrem Zustand der absoluten Verzückung. »Wer will das denn beurteilen? Jetzt und hier – ist es perfekt.«

***

Er hatte geahnt, dass dieser Tag super enden würde, kurz nach dem Unglücksfall hatte er sie gesehen und war völlig von der Rolle gewesen – im wahrsten Sinne des Wortes. Sie wäre ihm vielleicht nie aufgefallen, aber durch die Beinah-Ohnmacht und ihre erschrockene Fürsorge hatte es bei ihm gefunkt, hier grinste er in sich hinein. Glück musste man manchmal haben.

»Ich habe morgen keine Termine ... Du?« Er konnte es nicht lassen, ständig musste er sie streicheln. Ihre Haut fühlte sich wie Seide an, glatt und kühl, nur da, wo er sie berührte, glühte sie.

Leise stöhnte Leila auf, ihr kaum hörbares *Ich auch nicht* wisperte sie nur, sodass er es fast überhörte.

»Das ist gut, denn ich habe vor, dich eine Weile zu beschäftigen.« Lüstern fiel er über ihren Mund her. Drang ungestüm mit seiner Zunge in sie ein und vereinnahmte sie komplett. Seine Hände wanderten über ihren Körper und erkundeten jede noch so empfindliche Stelle. Ihre Reaktion gefiel ihm, endlich schien sie aus sich herauszukommen.

Wie exotisch ist das denn, eine Bibliothekarin in einer Bibliothek zu bumsen? Allein der Gedanke jagte ihm einen lustvollen Schauer durch den Körper.

»Ich denke, hier ist es richtig.« Er musste sich kurz räuspern, denn seine Stimme war nur ein Krächzen. Während er noch sprach, sank sie gegen seine Brust. Was ihn nur noch mehr anspornte, endlich den letzten Schritt nach vorn zu machen. Er kniete sich vor sie, zog ihr die Hosen über die Hüften und Schenkel, ließ sie, jedes Bein einzeln anhebend, aus dem Stoff und den Schuhe steigen. Leila konnte sich nur noch an seinen Schultern festhalten.

Sobald er sie befreit hatte, zwang er sie sanft, die Beine zu spreizen, und er drückte sofort seine Lippen auf ihre haarige Spalte. Ihr Geruch stieg ihm in die Nase. Er inhalierte ihn tief und ihm wurde vor Lust fast schummrig. Am liebsten hätte er sich sofort tief in sie gepresst. Leise hörte er ihr Wimmern. Sie schwankte leicht und er half ihr, sich auf einen Stuhl zu setzen. Dort forderte er sofort wieder Einlass zwischen ihre langen schlanken Beine. Er küsste die Innenseiten der Oberschenkel bis zu der Stelle, wo sie sich an ihrem Körper trafen. Sanft teilte er mit den Fingern ihre zarten Falten, strich die Härchen voller Wonne nach außen und drückte seinen Mund auf ihre intimste Stelle. Mit der Zunge umspielte er ihren Kitzler. Saugte an der kleinen Perle und versuchte, ihn zwischen die Zähne zu bekommen, um sanft an ihm zu nagen.

***

Leila lehnte sich auf dem Stuhl zurück, stöhnte und wimmerte gleichzeitig. Ein Bein hatte sie auf den Tisch geschoben, das andere lag auf seiner Schulter. Sie war ihm völlig ausgeliefert. Und er noch vollständig bekleidet.

Sie wollte ihre Hände unter sein Hemd schieben, ihn berühren, seine Haut mit ihren Fingern kennzeichnen. Sie war geil.

Unbewusst schob sie ihm ihr Becken weiter entgegen. Und er … drang mit einem Finger in ihre feuchte Möse. Streichelte sie jetzt innerlich, zog ihn wieder heraus, wobei Leila leicht protestierte.

»Sweetheart, gleich.« Damit löste er sich kurz von ihr. Hob ihr Bein auf den Stuhl neben ihr. Betrachtete sie in ihrer ganzen wilden, leidenschaftlichen Erregung und stöhnte, als sie ihm die Arme entgegenstreckte.

»Bitte, komm wieder her.« Leila kannte sich so liederlich gar nicht. Aber sie wollte diesen Mann.

»Warte.« Dann begann er, rasend schnell die Knöpfe seines Hemdes zu öffnen. Fast riss er manche noch ab. An seinem Gürtel schien er zu scheitern. Durch seine zittrigen Hände bekam er den Verschluss nicht gleich auf. Verhedderte sich in dem Mechanismus und fluchte verhalten.

Endlich hatte er es geschaffte, streifte sich die Hosen von den Beinen und kam wieder zu ihr.

Dieses Mal schauten sie sich in die Augen. Leidenschaft, Erregung, Verwunderung und eine Art Vertrauen standen darin. Mit einem dicken Kuss auf ihren Bauch kam er ihr sehr nah. Setzte sein pralles, steifes Glied an ihre feuchte Mitte, fuhr mit ihm die Spalte nach und teilte mit einer Hand die kleinen Locken. Mit einem gezielten Stoß drang er in sie ein.

Ihr überraschtes Keuchen gab ihm scheinbar Auftrieb und er zog sich kurz zurück, nur um sie dann wieder und wieder mit aller Macht zu füllen. Immer wieder in sie einzudringen. Ihr Keuchen wurde zu einem tiefen, rolligen Stöhnen.

Mit jedem Stoß rutschte sie auf dem Stuhl seitlich an die Kante. Einen Moment später hätte sie den Halt verloren, erschrocken streckte sie ihre Arme nach ihm aus und krallte sich in seine Oberarme. Reflexartig umfasste er sie und landete mit ihr wohlbehalten auf dem Boden. Diese Position war wesentlich bequemer. Ihre Finger hatten Spuren auf seiner Haut hinterlassen und dieser kleine Schmerz schien seinen Schwanz nur zu beflügeln. Er legte sich ihre Beine über die Schultern, um noch tiefer in sie zu stoßen.

Diese veränderte Richtung löste in Leila die innere Spannung, die sich die ganze Zeit aufgebaut hatte. Mit einem gewaltigen Orgasmus kam sie. Alles in ihr vibrierte, pulsierte und schlug Wellen in ihrem Unterleib. Sie bäumte sich ihm entgegen, zog ihn näher an sich heran, schaffte es aber nicht, ihn zu küssen. Als Entschädigung nahm er eine Brustwarze in den Mund und umspielte sie in dem gleichen Rhythmus, mit dem er in sie eindrang.

Leilas Höhepunkt schien endlos anzudauern.

Das Zusammenziehen ihres Innersten war überraschend intensiv, genau wie die ganze Situation hier, oder dass sie in ihrem Bauch seinen Penis spüren konnte. Es fühlte sich an, als zog sie ihn mit jeder Bewegung in sich, saugte ihn ein. Massierte ihn – nur für sich.

Ihr Blick war auf sein Gesicht gerichtet und die ganze verruchte Leidenschaft, die sie darin las, brachte ihren Bauch nur noch mehr zum Vibrieren. Für wenige Stöße wurde sein Glied in ihr noch einmal härter und gleich darauf folgte er ihr in den Orgasmus, mit einem lüsternen Schrei erstarrte er und pumpte sein Sperma in ihr Innerstes.

Die überwältigenden erotischen Empfindungen auskostend, blieb er in und auf ihr. Stützte nur die Arme auf die Ellenbogen und den Kopf gegen ihre Stirn. Wörter waren überflüssig.

Minuten vergingen, beide konnten sich nicht bewegen. Sie konnten und wollte es nicht.

»Ob der Notarzt das unter Wiederbelebung zählt?« Flüsterte er erschöpft und versuchte immer noch, zu Atem zu kommen.

Leila fand zurück in die Wirklichkeit. Entsetzt musste sie feststellen, dass sie im Rausch der Gefühle total vergessen hatte, wo sie sich befanden. Himmel! Wie hatte ihr das passieren können? Etwas mulmig schaute sie dem Mann über ihr ins Gesicht.

»Ich weiß nicht einmal, unter was ich *das* zählen soll!« In ihrer Stimme klang Resignation mit.

»Als ein Abenteuer.«

»Normalerweise lese ich nur von Abenteuern. Das hier ... das ist einfach zu unwirklich.«

Sie drehte den Kopf zu ihm und starrte ihn an. Dieser gut aussehende Mann hatte sie gerade vollkommen befriedigt. Kein anderer ihrer bisherigen Liebhaber – und die konnte man an einer Hand abzählen – hatte das bisher geschafft.

»Vielleicht gehe ich jetzt öfters in die Bibliothek, hier tun sich Erfahrungen auf ...« Verschmitzt lächelte er.

Sie stupste ihn an. »Sag mal, was hast du überhaupt in dem Gang gesucht? Warum knietest du dort?«

***

Sein Penis war schon wieder zu einer beachtlichen Größe angeschwollen. Als Leila das bemerkte, schlug sie ihm leicht auf die Schulter.

Er wollte sich noch nicht aus ihr zurückziehen, dafür war sie einfach zu warm, zu feucht und zu unwiderstehlich. »Soll ich dir verraten, was ich dort gefunden habe?«

»Ja, es muss so interessant gewesen sein, dass du die Welt um dich herum vergessen hast.«

»So war es auch.« Leicht begann er, sich wieder in ihr zu bewegen. Mit einer schnellen Drehung lagerte er sich mit ihr um und sie saß über ihn. »Du arbeitest doch hier, sag du es mir!«

Leila war über diesen Positionswechsel scheinbar so verwirrt, dass sie den Faden verloren hatte. »Was?«, konnte sie nur zusammenhanglos von sich geben.

»Meine kleine, geile Bibliothekarin.« Probehalber stieß er in sie. Als er ihr lustvolles Stöhnen vernahm, zog er sie sanft an sich und küsste sie ausgiebig.

Später, als dann auch zum zweiten Mal die letzten Wellen eines berauschenden Höhepunktes abgeebbt waren, fanden sie zum Thema zurück. »Ist dir eingefallen, was ich dort eventuell gefunden haben könnte?«

Sie kuschelte sich in seine Arme. »Nein, ich habe keine Ahnung. Ich kann nicht mehr denken.«

»Ich war verwundert, dass in diesem Bereich eine Ausgabe des Kamasutra stand. Es passte so überhaupt nicht in das Schema. Und darüber habe ich nachgedacht, als, wie eine göttliche Eingabe, die Bücher ziegelsteinartig auf meinen Kopf knallten.« Genussvoll streichelte er ihren schweißfeuchten Körper. »Karma, ich sag nur Karma.«

***

In Leila steigerte sich schon wieder ein Verlangen, das sie in Angst und Schrecken versetzte.

»Wie heißt du überhaupt?«

»Markus.«

»Markus, wie lange hast du Zeit?«

»Zeit? Wofür?« Leila lächelte ihn sehr sinnlich an. Bewegte ihre Hand über seinen Körper, entlang der Taille, über den Bauch, zu seinem halb erigierten Geschlecht. Drückte es, umschloss es und streichelte in sanften Bewegungen auf und ab.

»Dafür.«

»Du süßeste aller Bibliothekarinnen – die ganze Nacht.«

Sie presste ihren Körper erneut an seinen. Rieb sich in kleinen aufreizenden Bewegungen zwischen seinen Beinen. Immer wieder richtete sie ihren Blick auf die Stelle, wo sie sich berührten. Heißes Blut begann abermals durch ihre Adern zu pulsieren. Sie hatte noch lange nicht genug.

»Dann würde ich das Kamasutra doch noch einmal ausleihen, findest du nicht?«

Sein herzhaftes Lachen ging in lustvolle Seufzer über und das Kamasutra blieb, wo es war, in der falschen Reihe, beim falschen Genre.

LÜSTERNE FINGERSPIELE IM WALD

Jack, Jack, Jack. Jack hier. Jack da.

Er hatte einfach keine Lust mehr. Ja, er war Vater – aber war er nicht auch ein Mann? Ein Mann mit natürlichen Bedürfnissen? Konnten sie die Kinder nicht einfach mal am Wochenende zur Oma bringen? Nein, da musste die Schwiegermutter ja an einem Selbstfindungstrip teilnehmen. Klasse. Und seine Mutter war leider schon über das Alter hinaus, wo man mit ruhigem Gewissen die eigenen Kinder abgab.

Er hasste sein Leben im Moment. Er vermisste die gemütlichen Stunden vor dem Kamin, die erotischen Stunden zu zweit. Nach den ersten beiden Kindern, Amelia und Frank, war es doch auch noch möglich gewesen. Was hatte sich jetzt bei Freddy, dem dritten, geändert? Zu ihrer Verteidigung musste Jack eingestehen, er war ein Schreikind gewesen. Jedes Mal, wenn sie sich hatten näherkommen wollen, hatte der Bengel durch das ganze Haus geplärrt. An romantische Stimmung war dann nicht mehr zu denken gewesen.

Nach sechs Monaten hatte das endlich nachgelassen, da war er in seine Fremdel-Phase gekommen. Kein Schlafen mehr ohne ihn. Und jetzt, zweieinhalb Jahre später, war er immer noch das verwöhnte Kleinkind.

Er ertrug es nicht mehr.

Es waren jetzt schon wieder drei Monate ins Land gegangen seit den letzten Intimitäten und wenn er mal seine Frau beschlafen durfte, dann war es nur noch ein schnelles Rein und Raus, abspritzen, fertig. Danach schrie schon wieder Freddy.

Er raufte sich die Haare, wobei er feststellen musste, die wurden auch erheblich schütterer. Der verdammte Ärger mit dem Balg. Hätte er ihn doch nicht angesetzt.

Oh, das sollte er bloß nicht laut vor seiner Samantha aussprechen. Ja, sie konnte nichts dafür. Opferte sich doch regelrecht für die Kleinen und ihn auf. Natürlich musste da etwas auf der Strecke bleiben, aber ausgerechnet seine Libido?

Er hatte wirklich versucht, mit ihr zu sprechen, doch jedes Mal, wenn er das Thema anschneiden wollte, verließ sie den Raum oder eins der drei Kinder brauchte ihre Aufmerksamkeit.

Er hatte echt die Schnauze voll. Sein Schwanz war schon ganz verkümmert vor lauter Nichtbenutzung.

Vor zwei Tagen hatte er endlich den Mut gefunden und es seiner Samantha gesagt. So ging es einfach nicht weiter. Er hatte ihr zwar versichert, sie zu lieben, aber ...

Aber – er brauchte Sex. Er wollte seinen Schwanz in ihr feuchtes, nur für ihn bestimmtes Fötzchen stecken. Er sehnte sich danach, wieder ihr Geliebter, ihr Mann zu sein.

Verflixt, wie sollte er da jemals wieder rauskommen?

Seiner Frau hatte er weisgemacht, er müsste heute Überstunden machen, aber eigentlich wollte er etwas ganz anderes tun. Er brauchte Sex, er brauchte Gefühle, er brauchte ganz dringend einen Orgasmus. Einen, der sich lohnte und wobei er nicht nur seine Faust benutzte.

So war er heute nach dem Bürojob, er arbeitete seit fünf Jahren in der hiesigen Baubehörde, in den Park nahe dem Waldrand gefahren, hatte das Auto auf einem der hintersten Parkplätze geparkt und lief seit gefühlten Stunden auf den Waldwegen herum.

Er war auf der Suche. Vielleicht nach einer ganz speziellen Frau. Sie sollte hübsch sein, einen große Busen haben, einen knackigen Hintern besitzen und geil sollte sie sein. Sich am besten gleich an seinen Hals werfen. Er wollte sofort in sie eindringen können. Schon allein diese Gedanken reichten und sein Körper zeigte sofort eine Reaktion in seiner Hose.

Mittlerweile war ihm schon fast die Lust vergangen. Das viele Laufen hatte ihn müde gemacht. Vor lauter Frust schon ziemlich ausgelaugt, schleppte er sich zu einem entfernt liegenden See. Er befand sich nahe des Waldrandes und war ziemlich dicht bewachsen. Dahin, wo sich selten ein Jogger oder Spaziergänger verirrte.

Es war sein Lieblingsplatz, auch schon vor der Ehe mit Sam gewesen. Dieses Gewässer fungierte damals als Jugendtreffpunkt. *Damals, vor vielen Jahren,* wie sich das anhörte. So verdammt alt.

Der See lag ruhig da, der Wind bewegte das Wasser in kleinen sanften Wellen, die Temperaturen waren angenehm und so setzte er sich unweit des Wassers zu Boden.

Verdeckt durch einige Büschel Schilfrohr legte er sich nieder, blickte mit verhangenen Augen in den Himmel und dämmerte leicht weg.

Er wusste nicht, wie lange er geschlafen hatte, er wusste auch nicht, durch was er jetzt aufgeweckt worden war. Wäre er gerade zu Hause gewesen, hätte sicherlich eins der Kinder geschrien oder der Hund gejault. Aber hier in der Natur konnte er keinen Störenfried ausmachen. So rappelte er sich wieder auf. Wollte sich gerade auf den Weg zu seinem Wagen machen, da sah er rechts, in einiger Entfernung, eine Frau sich den Teich nähern.

Sie war nicht mehr ganz jung, hatte aber trotzdem eine wohl geformte Figur und schien sich suchend umzusehen. Sie entsprach ungefähr seinen Vorstellungen von einer Frau, die er vorhin noch gesucht hatte. Er vermutete mal, dass sie sich verlaufen hatte. Oder vielleicht hatte sie bei ihren Freundinnen den Anschluss verloren. Allerdings schien es, als bereitete es ihr nicht allzu große Sorgen. Ihr Schritt war gemächlich, gelassen und sie schien nicht in Eile.

Ihn konnte sie nicht sehen, da er immer noch gut versteckt hinter dem Schilfrohr stand, das ihn bestens verdeckte.

Mit einer Gelassenheit, die man in einem gewissen Alter erreichte, schlenderte sie auf einen der schönsten Ruheplätze an dem See zu. Sie blieb dennoch alle paar Meter stehen, überzeugte sich, dass keiner in der Nähe war, und öffnete dann ihre Trainingsjacke.

Jack blieb vor Erstaunen der Mund offen stehen, denn dass sich seine Hoffnungen doch noch erfüllen würden, war wie ein Traum gewesen. Er konnte nicht anders, er starrte sie an. Er verharrte weiter in seinem Versteck und beobachtete die Frau, die sich nah seiner Position entkleidete.

Erst hatte er überlegt, den Rückzug anzutreten, aber dann dachte er darüber nach und entschied sich, zu bleiben, wo er war. Was sollte schon passieren? Er schaute doch nur.

Die Frau ging langsam und Schritt für Schritt weiter, konzentrierte sich darauf, sich ihrer Jacke zu entledigen, ließ sie einfach ins Gras fallen. Kurz darauf kreuzte sie ihre Arme am T-Shirt-Rand und zog es in einem Zug über den Kopf.

Oh, là, là, jetzt bekam Jack aber etwas zu sehen.

Wäre er auf einem Stuhl gesessen, von diesem wäre er glatt heruntergerutscht. Die Frau war der Hammer. Sie hatte eine

Wahnsinnsfigur, einen großen Busen, eine schmale Taille und ein breites, einladendes Becken.

Er schloss die Augen, schüttelte sich kurz, öffnete sie wieder und musste feststellen, dass es keine Wahnvorstellung gewesen war. In seinen Lenden regte sich etwas.

Im gleichen Moment überfiel ihn ein schlechtes Gewissen. Seine Frau, was würde sie jetzt von ihm denken?

Im nächsten Gedankengang wischte er auch seine Vorbehalte zur Seite. Sie war ja schließlich nicht hier. Und außerdem dachte sie doch, er würde arbeiten. *Was sie nicht weiß, macht sie nicht heiß,* das alte Sprichwort war hier bestimmt gültig.

Er fühlte sich, als wäre er ein Teenager, der heimlich auf dem Computer der Eltern Pornos schauen wollte und ständig Angst haben musste, von ihnen entdeckt zu werden. Dieses verbotene Kribbeln war es, was ihm gefehlt hatte. Diese Aufregung, bevor es überhaupt zum Treffen oder Date kam.

Sein verräterisches Geschlechtsteil wurde immer härter.

Schon allein wie sie ihre blonden, schulterlangen Locken mit der Hand zur Seite nahm, damit er einen perfekten Blick auf ihren Hals bekam, hätte ihn seine Vorsichtig vergessen lassen. Am liebsten hätte er seinen Kopf auf diese Beuge gedrückt, seine Zunge über ihre Haut fahren lassen und sanft seine Zahnabdrücke verewigt. Mit einem Mal konnte er ihren Duft riechen, wusste, wie sie schmecken würde. Nervös atmete er ein. Die gut aussehende Frau löste gerade ihren BH und Jack schnappte nach Luft.

Wow. Große feste Brüste mit riesigen dunklen Vorhöfen und stehenden Nippeln. Er konnte sich schon sehen, wie er sein Gesicht an diesen Busen drückte, auf der Haut entlangküsste und an den geilen Brustspitzen zog.

Oh Mann, seine Hose wurde jetzt aber peinlich eng. Verdammt.

Zählte das auch schon unter Fremdgehen? Denn dann hatte er ein echtes Problem.

Er schaffte es nicht, seinen Platz zu verlassen. Nein, einem inneren Zwang folgend, musste er dortbleiben und sich seiner spannenden Hose entledigen. Ein gutes Gefühl durchströmte ihn, als sein erigierter Schaft endlich aus der Enge der Hose an die Luft kam.

Jack legte seine eine Hand um ihn, bildete eine Faust und begann mit langsamen Auf- und Abbewegungen.

Das Objekt seiner Begierde hatte das T-Shirt auf dem Boden ausgebreitet und sich darauf niedergelassen. Sie versuchte umständlich, im Sitzen ihre Jogginghose auszuziehen.

Ihre Bewegungen waren in diesem Moment nicht unbedingt geschmeidig. Aber sie sah so entzückend aus bei ihrem Vorhaben.

Jack stand in seinem Versteck mit heruntergelassenen Hosen und beobachtete ihr Tun. Streichelte immer noch sein Glied. Er wollte unbedingt wissen, was diese Frau vorhatte.

Er musste nicht lange darauf warten. Und vor lauter Erstaunen wäre er fast gekommen.

Das mittelblonde, vollbusige, weibliche Wesen begann, mit ihren langen, schlanken Fingern über ihren Körper zu streichen. Sie legte ihre Hände an ihre Schlüsselbeine und fuhr langsam und sinnlich jede Erhebung, jede Senke nach. Als sie sich dann zu ihrem Busen vorgearbeitet hatte, umkreiste sie mit den Fingerspitzen ihre großen Vorhöfe, zwischendurch benetzte sie ihre Finger, indem sie sie in den Mund nahm, saugte daran und rieb ihre Nippel mit Speichel ein.

Jacks Augen weiteten sich, sie wirkten beinahe kugelrund. Was sicherlich komisch ausgesehen hätte, wenn *er* beobachtet worden wäre. Gleich schloss er sie, nur für winzigen Moment, denn er wollte von ihr nichts verpassen. Mit seiner Faust umschloss er fest seinen steifen Schwanz und rieb fast derb über ihn.

In ihm loderten kleine Flammen, die sich schnell zu einem Flächenbrand ausweiten konnten. Am liebsten hätte er sich jetzt gegen etwas gelehnt, aber die Rohrkolben waren dafür nicht geeignet. Und er wollte seine Seeufer-Nymphe nicht verschrecken. Das Schauspiel wollte er bis zum Schluss genießen.

Der einzige Gedanke, der ihm den Spaß verderben konnte, war, dass er zu bald abspritzte. Aber war das nicht normal bei der Enthaltsamkeit, die er im Moment zu Hause hatte?

Leise stöhnte er. Auf keinen Fall wollte er diese mutige, sinnliche Frau verschrecken. Selten bekam man so ein Schauspiel live zu sehen.

Sein Glied zuckte in seiner Hand, er wollte mehr. Wie sehr sehnte er sich nach körperlicher Nähe. Er wollte seinen so lange vernachlässigten Schwanz in eine heiße, feuchte Spalte zwängen. Wollte die Reibung ihrer Hitze spüren und seine festen Hoden an einen Hintern klatschen hören.

Oh Mann, er war völlig neben der Spur. Wie wollte er das seiner Frau erklären?

Noch konnte sein Gewissen ihn zurückhalten, dass er sich nicht an die im Gras liegende Dame heranpirschte, um einfach ihre Beine zu spreizen und mit einem Stoß in sie einzudringen.

Jack schüttelte sich kurz. So schlimm hatte er sich noch nie benommen. Na gut, bei Samantha schon, vor der Geburt der drei Kindern waren sie nicht zu bremsen gewesen. Sie hatten sich überall geliebt. Der Kick des Erwischtwerdens hatte sie beide verdammt schnell auf Touren gebracht. Und sie waren oft auf Höchstumdrehung gwesen. So, fein, jetzt hatte er es davon. Ein leichtes Kribbeln schlich sich seine Schenkel hoch und sein Sack zog sich zusammen. Er war nah eines Samenergusses. Scheiße.

Es wurde Zeit, noch mal ein Wörtchen mit seiner Frau Samantha zu reden. So ging es definitiv nicht weiter.

Im Moment war er sehr zwiegespalten. Sollte er sich hier und jetzt selbst befriedigen? Sollte er sich der Frau nähern? Oder sollte er nach Hause zu Samantha gehen?

Fast wollte er sich diese Frage beantworten, da sah er, wie die Frau am Ufer ihre Hände weiter nach unten gleiten ließ und sich zwischen den Beinen berührte.

Sein Herzschlag setzte aus. Sollte er die Augen schließen, sollte er sie überhaupt nie wieder zumachen. Gott, wenn er jetzt einen Herzinfarkt bekam und an Ort und Stelle tot umfallen würde, hätte Sam Verständnis für ihn? Wie gebannt starrte er auf das Geschehen vor sich.

Im Stillen dankte er der Vorsehung, dass er den denkbar günstigsten Platz gesucht hatte. Da er leicht schräg in einer Art Bucht stand, hatte er sozusagen den VIP-Platz ergattert. Als sie auch noch mit den Fingern ihre Spalte auf und ab fuhr, und die Schamlippen leicht in die Breite zog, ihren Mittelfinger eine klein wenig in ihre feuchte Mitte drückte, blickte er direkt auf die feuchte, rosa glänzende Möse.

Mit einem lauten Zischen sog er die Luft in seine Lunge und ein Krächzen verließ seine Lippen.

Erschrocken zuckte sie zusammen, kam aus ihrer verzückten Lustwelt zurück an den Teich und blickte in seine Richtung. Die Schilfwand hatte er, zum besseren Blick, leicht auseinandergebogen. Sie lag noch immer mit weit gespreizten Beinen da, seinen gierigen Augen ausgeliefert. Es war ihm egal, dass sie ihn jetzt sehen konnte. Er schob die grünen Stängel weiter zur Seite. Versuchte, den festen Stand seiner Füße beizubehalten. Sie schien sich nicht sicher zu sein, wie sie mit der Situation umgehen sollte. Erst da sah sie offenbar, wie er verzweifelt seinen Penis malträtierte, um seine Geilheit zu beenden.

Scheinbar wirkte er auf sie nicht gefährlich. Oder sie schätzte ein, wer von ihnen beiden schneller rennen konnte. Na, er mit heruntergelassenen Hosen sicherlich nicht. Das schien sie leicht zu besänftigen. Trotzdem setzte sie sich auf und bedeckte ihren herrlichen Busen mit ihrer Hose.

»Eigentlich stehe ich nicht so auf Zuschauer.« Ihre belegte Stimme klang erst unsicher, wurde aber gleich nach einem kleinen Räuspern fest und eine Spur misstrauisch.

Jack schaute mehr wie verlegen drein. Immer noch hielt er sein Glied in der Hand, starrte jedoch unverwandt auf die Stelle, wo sich ihre Beine trafen.

»Ich ...« Vor lauter Verlegenheit – oder war es Unsicherheit? – fiel ihm nicht ein, was er dazu sagen sollte. »Ich wollte ...« Er brachte keinen ganzen Satz zustande. Ständig musste er daran denken, wie sie sich selbst berührt hatte, wie sie ihre feuchte Möse gestreichelt, den Finger in sich hineingeschoben hatte. Und schon wieder wurde sein verräterischer Schwanz eine Stufe fester.

Ganz langsam zog die überaus weibliche Person die Hose wieder von ihrem Busen. Streckte eine Hand aus und raunte ihm zu: »Komm, spiel mit mir. So ein prachtvolles Stück wäre doch Verschwendung.«

Jack konnte sein Glück nicht fassen.

Vergessen waren sein schlechtes Gewissen, sein innerlicher Zwiespalt. Geblieben waren nur noch seine Geilheit und die Gier, sich in dieser Frau zu versenken.

Wie ein aufgeregter junger Mann wollte er zu ihr rennen, stolperte aber über seine immer noch um die Knöchel gewundene Hose. Die kleine Erhebung an der Böschung, die so schön mit dem Schilf umwachsen war, ihm einen so herrlichen Ausblick geboten hatte, verwandelte sich in eine glatte, fiese Rutsche. Mit einem lauten Platschen fiel er der Länge nach in das angrenzende seichte Wasser.

Mit dem Aufprall, dem Eintauchen war seine Erregung Geschichte. Das kalte Wasser schwappte über seinen Körper und sein bisher voll erigiertes Glied versank erst im Schlamm, um sich dann sofort im Wasser auf *Kältegröße* zurückzuziehen.

Was bin ich nur für ein Trottel! Jack wollte sich in diesem Moment am liebsten ertränken.

Was würde geschehen, wenn er einfach den Kopf unter Wasser hielt und nie wieder aufstehen musste?

»Liebling?« Die besorgte Stimme drang sogar unter Wasser an sein Ohr. Etwas verschwommen hörte er: »Liebling? Alles in Ordnung?«

Das darin auch noch eine ziemliche Belustigung mitschwang, machte es nicht besser. So hatte er den Tag definitiv nicht geplant gehabt. Verdammt.

Noch immer verspürte er nicht den geringsten Drang, seinen Kopf zu heben. Es würde zwar ein unrühmliches Ende werden, aber er musste sich dieser Schmach nicht aussetzen.

Neben ihm im trüben Wasser bewegte sich etwas. Runde, wohl geformte Knöchel traten in sein Blickfeld.

Endlich setzte sein Überlebenswille wieder ein und seine Lunge forderte ihr Recht zum Atmen. Mit einem Ruck zog er den Kopf aus dem Nass und prustete die Nase frei.

Frustriert schlug er mit der Hand auf die Wasseroberfläche. Daraufhin spritzte es in alle Richtungen.

»Scheiße.«

»Liebling – bitte.« Die Stimme triefte nur so vor Heiterkeit. Die glucksenden kleinen Lacher machten es nicht besser.

»Sam ... ich ...« Mühsam hievte er sich auf allen vieren aus dem Wasser heraus. Er war über und über mit Schlamm und kleinen Algen bedeckt. Erst als er an Land war, drehte er sich auf den Rücken, ließ sich nach hinten fallen und stieß einen weiteren Fluch aus.

»So eine Scheiße!« Als er in ihr Gesicht sah, funkelten ihre Augen und sie schien wirklich erheitert zu sein. Um ihren

Mund lag ein feines, leises Lächeln.

»Ich fand dich großartig.« Sie kniete sich neben ihn und wischte ihm mit ihrem T-Shirt das Gesicht sauber.

»Mach dich nicht lustig über mich!« Er benahm sich wie ein nörgelndes Kleinkind. Er merkte es selbst. Wieder war er ungerecht ihr gegenüber.

»Sam, ich wollte es doch so schön machen, wir sollten ein super Erlebnis haben. Und ich muss es durch meine Tollpatschigkeit vermasseln.«

»Ach, Jack, komm schon, bisher lief es doch großartig.«

»*Das* nennst du großartig? Verdammt, unsere Ansprüche sind weit gesunken.« Er legte sich zurück, seinen Arm über seine Augen und stöhnte frustriert auf.

Womit er nicht gerechnet hatte, war die Entschlossenheit seiner Ehefrau. Denn um diese handelte es sich. Seine Liebe. Die erotischste Frau, auch nach den Kindern, die er je gesehen hatte.

***

Samantha betrachtete seinen Körper. Sie liebte ihren Ehemann, daran bestanden keine Zweifel. Sie waren mittlerweile seit über fünfzehn Jahren ein Paar, seit zehn Jahren verheiratet. Während der Ehe hatten sie ihre drei gemeinsamen Kinder bekommen. Sie wusste, dass er darunter litt, nicht genug Aufmerksamkeit von ihr zu bekommen. Aber sie musste ihm auch zugutehalten, dass er sie nie betrogen hatte. Gedanklich vielleicht, aber wer sollte schon mit Steinen werfen? Sie lächelte leicht verschmitzt.

Wie er vor ihr lag, so verloren, womöglich auch ein wenig beleidigt und in seiner männlichen Ehre gekränkt, weil sein Plan nicht so funktioniert hatte, wie er es sich vorstellt hatte.

Weil er sich dermaßen blamiert hatte, fühlte sie sich nur noch enger mit ihm verbunden und zu ihm hingezogen. Ein wenig Mitleid wallte in ihr auf.

Und sie war kribbelig, aufgekratzt und erregt durch ihr Schauspiel von vorhin. Sie war erwartungsvoll feucht, es wäre eine Schande, das nicht zu nutzen.

Langsam und mit einer Zartheit, die sie jedes Mal für ihn empfand, wenn er bei ihr war, berührte sie seine Schenkel. Mit den Fingerspitzen zeichnete sie eine Linie vom Knie zu seinen Oberschenkeln, hinauf zu seiner Hüfte. Er schnappte hörbar nach Luft.

»Sam ...«

»Ich liebe dich! Ich hoffe, du vergisst es nicht.«

Er nahm den Arm von den Augen und legte seine Handfläche an ihre Wange. »Niemals, mein Herz, niemals!«

Sie streichelte sein Bein weiter, immer auf und ab. Ließ die Fingerspitzen über seine festen Härchen gleiten, umkreiste das kleine Muttermal auf seinem Oberschenkel und beugte sich hinab zu seinem steifen Prachtexemplar.

***

Er war überrascht, aber auch Mann genug, sich darüber nicht zu beschweren. Er ließ sie machen, hob seinem Oberkörper, stützte ihn auf seine Unterarme und konnte so ihr Tun genau beobachten.

Mit Genuss beobachten.

Jack wusste, sie war geschickt, und genau das stellte sie jetzt unter Beweis.

Sie nahm sein bestes Stück in den Mund, legte ihre wahnsinnig gefühlvollen Lippen darum und berührte mit der Zunge den kleinen Spalt auf seiner Kuppe. Extrem sanft fuhr sie ihn nach, umrundete die pflaumenartige Eichel. Ein Hochgefühl durchzuckte seinen Körper. So intensiv und so gierig wie lange nicht mehr. Zwischen ihren sinnlichen Angriffen legte er den Kopf in den Nacken und stöhnte lustvoll.

»Sam, das ist so geil!« Kaum brachte er den Satz zu Ende, da nahm sie ihn tief in ihren Mund und saugte ihn in ihre heiße, feuchte Höhle. Wie von selbst wollte sich sein Unterleib an sie drängen. Sein Blut sammelte sich an einer Stelle am Körper und die hatte seine Frau im Mund. Ein Wonnegefühl, dass er seit Monaten nicht mehr gefühlt hatte, durchrieselte ihn.

***

»Oh Gott, Sam ...« Sie konnte spüren, wie sein Penis steinhart wurde, sich sein Hodensack schwer und fest in ihrer Hand anfühlte. »Wie sehr habe ich das vermisst.« Am liebsten hätte sie ihn bis zum Äußersten getrieben. Wollte ihn bis zur erlösenden Glut peitschen.

Sie schwelgte in ihrer Lust. Sie wollte sich dem intensiven Gefühl hingeben, da griff er in ihre Haare, zog sie nicht unbedingt sanft von seinem besten Stück zurück.

»Nicht, ich möchte dich auch verwöhnen.« Er deutete ihr an, sie sollte sich neben ihn legen.

Dann küsste er sie mit der Leidenschaft und Inbrunst, die er für sie empfand. Sie hatten so lange auf diesen Moment gewartet.

***

Er eroberte sie mit seiner Zunge, tauchte in ihren Mund ein, spielte mit der ihren. Samantha stöhnte vor lauter Vorfreude.

Zu lange hatten sie beide auf solche Intimitäten verzichtet. Er brauchte sie, er musste sie davon überzeugen, dass sie nicht mehr darauf verzichten konnten. Er setzte all sein Können ein, um ihr zu beweisen, wie sehr er ihren Körper liebte, wie sehr sie ihm als Frau gefiel. Streicheln, Küssen, Knabbern, Ziehen, Hauchen. Alles setzte er ein, um sie in die höchsten Sphären der Lust zu katapultieren. Er wusste, wo sie am sehnsüchtigsten auf seine Berührungen wartete. Und genau dort, als er den Weg zu ihrem so feuchten und offenen Fötzchen fand, bäumte sie sich ihm entgegen.

»So gierig, mein Weib?« Er brauchte nicht lange, er leckt ein-, zweimal über ihren Kitzler, umkreiste ihn und fuhr mit der

Zunge tiefer in sie. Samantha kam. Und er saugte an ihr, saugte ihren Duft, ihre Feuchtigkeit aus ihr heraus. Sam hob und bog sich ihm entgegen. Sie presste sich regelrecht an seinen Mund.

Kaum, dass die Wellen der Leidenschaft abgeklungen waren, reizte er sie aufs Neue. Er saugte sich an ihren Nippeln fest. Spielte mit ihnen, strapazierte die empfindsamen Nerven unaufhörlich. Samantha öffnete für ihn ihre Schenkel, zog ihn auf sich, krallte die Finger in seinen Hintern und bettelte, flehte, dass er doch endlich zu ihr kommen sollte. Doch dieses Gefallen zögerte er noch ein wenig hinaus.

»Liebling, bitte!« Während er sich vor ihr in Position brachte, hob sie ihm einladend das Becken entgegen. Aber er war besessen davon, ihr so viel Lust wie möglich zu bereiten. Mit seiner Eichel streichelte er ihren nassen, willigen Schoß.

»Hör auf ...« Keuchend drückte sie den Rücken durch.

»Womit?« Er liebte es, sie spielerisch zu ärgern.

»... mit dem Spielen!«, flüsterte sie ihm eindringlich zu.

Noch einmal strich er bedächtig mit seinem Penis auf und ab. Hielt kurz vor der kleinen, geschmeidigen Öffnung inne und stupste ihn nur millimeterweit in das weiche Loch, nur um ihn gleich wieder zurückzuziehen und das Spiel von vorne zu beginnen.

»Samantha«, stöhnte er selbst laut auf. Zügelte gerade noch so seine Gier. »Wer wollte vorhin mit mir spielen?« Stoßweise kamen die Worte aus seinem Mund.

»Jack, bitte ... mach doch endlich!«, bettelte sie und das gefiel ihm nach wie vor. Leicht drückte er ihre Beine weiter auseinander. Betrachtete die feuchte rosafarbene Spalte. Ja, hier gehörte er hin. Hier war sein Himmelreich. Mit einem gezielten Stoß drang er in sie ein. Fast bis in ihre Seele. Seine Bewegungen waren nicht mehr zärtlich. Sie waren von Gier, Leidenschaft, Lust und dem Trieb, mit ihr zu verschmelzen, gezeichnet. Fest und kurz drang er immer wieder in sie ein. Der Laut, den sie von sich gab, brachte ihn fast um den Verstand.

Man konnte nur noch das Keuchen von zwei sich in wilder Leidenschaft liebender Menschen hören.

Und auch sein sehnlichster Wunsch, seine Hoden söllten an den Hintern der Frau klatschen, erfüllte sich. Im höchsten Maße mit sich zufrieden, mit den herrlichsten Gefühlen durchströmt, brachte er sie und sich zu einem fulminanten Höhepunkt. Als er sich in ihr ergoss, schrie er fast die Erlösung und das Glücksgefühl aus sich heraus.

Seine Samantha kam mit ihm. Ihre innersten Muskeln melkten ihn, brachten ihn nah an den Rand des Wahnsinns. Seine Welt schrumpfte nur auf seine Frau zusammen.

Er sank auf sie und so blieben sie lange zusammen liegen. Keiner von beiden wollte die gelöste gemeinsame Stimmung zerstören.

Bis sich bei Jack Schmerzen im Knie bemerkbar machten. *Mist, wir sind auch nicht mehr die Jüngsten.* Leise stöhnend rollte er sich von ihr runter und legte sich neben ihr in das Gras.

»Wenn du nicht schon meine Frau wärst, ich würde dich auf der Stelle noch mal heiraten!« Er drehte den Kopf in ihre Richtung und schaute sie verliebt an. Sein Gesicht drückte eine Zufriedenheit aus, die schon Glückseligkeit ähnelte.

»Ich nehme das als Kompliment.« Dabei streichelte sie sehr sanft über seine Wange.

»Das darfst du!« Er fing ihre Hand und küsste ihre Fingerspitzen.

»Wie bist du die Kinder losgeworden? Ich hatte schon Angst, du kommst nicht.« Kurz war ein leichter Vorwurf in seiner Stimme zu hören, den er mit einem weiteren Kuss auf ihre Hand abmilderte. Tagelang hatten sie dieses Szenario vorbereitet und dann hatte sie ihn so lange warten lassen. Erleichterung gehörte ebenso zu den Gefühlswallungen, die er gerade empfand, wie Zärtlichkeit, Glück und Liebe. Sie hatten wirklich zu lange auf ihre Zweisamkeit verzichtet.

Wohlig räkelten sie sich nebeneinander. Sie fuhr mit den Händen über seinen immer noch mit dem T-Shirt bedeckten Bauch. Kraulte ihn an der Taille und schnurrte fast.

»Verteilt bis zum Abendbrot.« Er hob eine Augenbraue und blickte sie leicht zweifelnd an. »Doch, ehrlich. Freddy ist bei deinen Eltern, Amelia übernachtet bei einer Freundin und Frank ist bei einem Kumpel.« Während sie dichter an ihn rückte, presste sie kleine Küsse auf seine Schulter. »Und bis dahin ...« Jetzt küsste sie ihn auf seinen Hals. »Außerdem, warum hätte ich nicht hier auftauchen sollen? Ich lasse mir doch so eine Einladung, nicht entgehen.« Ihr Schmunzeln konnte er an seiner Haut spüren, der unverhofft zarte Biss peitschte seinen Puls schlagartig wieder nach oben.

»Dann lass uns die Zeit nutzen!«, knurrte er, während er begann, seinen sinnlichen Ansturm wieder in die Tat umzusetzen.

DER GIERIGE HANDWERKER

»Kundendienst, was kann ich für Sie tun?« Die überaus freundliche Stimme am Telefon, verbesserte ihre Laune keineswegs.

»Schönen guten Tag! Mein Name ist Brünner, ich hatte heute Nachmittag schon mal angerufen. Bei mir ist die Dusche kaputt. Und die Kollegin vorhin am Telefon versprach mir, bis siebzehn Uhr einen Monteur vorbeizuschicken. Jetzt ist es allerdings schon halb sechs und kein Monteur in Sicht!« Melanie schnaubte ins Telefon. »Hören Sie, ich muss nachher zur Nachtschicht und davor noch duschen. Sehen Sie zu, dass Sie einen Fachmann herschicken!« Sie ließ ihren Frust an der Dame am Apparat ab, sie wusste das. Aber sie konnte es nicht ändern. Genug Erfahrung, mit sich beschwerenden

Menschen hatte sie ja, immerhin musste sie selbst an der Hotelrezeption ständig damit umgehen. Dass am andere Ende auch nur normale Leute arbeiteten, musste man sich immer wieder verinnerlichen. Aber leider gelang das nicht immer.

»Frau Brünner, das tut mir sehr leid. In meinen Unterlagen steht nichts von der Anforderung eines Monteurs. Ich muss mich dahingehend entschuldigen.« Kurz waren nur Stimmen im Hintergrund zu hören. »Ich habe jetzt einen dringenden Auftrag geschrieben und sofort weitergeleitet. Innerhalb der nächsten halben Stunde wird sich ein Monteur melden. Das Passwort lautet *Thinx*.«

»Ich hoffe sehr, dass das klappt. Ansonsten rufe ich in fünfunddreißig Minuten wieder an. Dann verlange ich Ihren Chef!«

Auch wenn die nette Dame am Telefon versucht hatte, sie zu besänftigen, Melanie hatte ganz schlechte Laune.

Ihr Tag hatte schon sehr aufreibend begonnen. Heute Früh war sie nach Hause gekommen und ihre Mitbewohnerin Sabrina in Tränen aufgelöst gewesen. Ihr Freund hatte letzte Nacht mit ihr Schluss gemacht. Sie neigte zur Dramatik. Sie war doch erst zwei Wochen mit ihm zusammen gewesen. Selbst bei dem Gedanken daran verdrehte sie die Augen.

Sie hatte sie zwei Stunden lang trösten müssen. So war sie erst recht spät ins Bett gekommen. Kaum, dass sie eingeschlafen war, hatte es Sturm geklingelt. Natürlich hatte sie danach nicht so schnell wieder ins Traumland finden können.

Zu allem Übel hatte sich Sabrina auch noch über die Dusche beschwert. An Schlaf war also nicht mehr zu denken gewesen. Und dann war dieser verflixte Monteur nicht zur angegeben Zeit gekommen.

Merde!

Jetzt war es viertel sechs. Sie saß auf dem Küchenhocker, hatte nur ihren kurzen Seidenkimono übergeworfen und starrte auf die Uhr.

Beobachtete, wie der Sekundenzeiger den Minutenzeiger überholte. Am liebsten hätte sie sofort wieder zum Hörer gegriffen und der Frau am anderen Ende die Hölle heiß gemacht. Nur leider war sie gerecht genug, um wirklich bis fünf nach halb sechs zu warten.

Ständig wanderte ihr Blick zur Uhr.

Zehn Minuten vor halb sechs klingelte es endlich an der Gegensprechanlage. Voller Hoffnung auf eine heiße Dusche vor der Arbeit, ging sie zur Tür. Drückte auf den Knopf und fragte das obligatorische *Wer ist da?*

»Frau Brünner?«

»Ja?«

»Hier ist ihr angeforderter Monteur!«

»Sehr schön! Endlich. Ich bitte Sie noch um das Passwort!«

Am anderen Ende wurde es kurz still.

»Thinx?«

Jetzt war es an ihr, zu schweigen.

»Sie müssen danach fragen?«

»Es tut mir leid, aber ich habe den Auftrag sehr kurzfristig erhalten.« Die Erklärung klang plausibel. »Soll ich wieder gehen?«

Oh, jetzt kam Leben in Melanie.

»Nein, warten Sie. Sie können wirklich meine Dusche reparieren?«

Am anderen Ende hörte sie ein leises Lachen.

»Na, ich denke schon.« Eine weitere Bestätigung brauchte sie nicht. Sofort drückte sie auf den Summer, ließ somit den Monteur ins Treppenhaus. Melanie lief die wenigen Schritte zur Tür, öffnete sie und lehnte sie an.

Ihre Stimmung besserte sich schlagartig. Sie freute sich jetzt schon auf die heiße Dusche.

Keine zwei Minuten später hörte sie, wie die Tür wieder ins Schloss fiel.

Melanie lugte um die Ecke. Oh man, dort stand ein Herkules von einem Mann. Groß, breitschultrig, mit einer eng anliegenden Latzhose, die den flachen, offensichtlich muskulösen Bauch betonte. Und der straffe Stoff ließ einen knackigen Po erahnen.

Ihr stockte für einen Moment der Atem. Wie war das mit dem Klischee?

Gut aussehender, sexy Handwerker und ... Oh, huch, hier schweiften ihre Gedanken ab.

»Frau Brünner?« Sie registrierte erst jetzt den rauen Unterton, der ihr eine kleine Gänsehaut über den Körper jagte.

»Dieselbige.« Hörte sich ihre Stimme atemlos an? Verflixt, das sollte sicherlich nicht so sein.

»Zeigen Sie mir Ihr Bad?«

Scheinbar hatte sie ihn angestarrt.

»Natürlich.« Sie schüttelte über sich selbst den Kopf. »Den Flur runter und die letzte Tür links.«

Er schien von ihr ebenso überrascht zu sein. Immerhin war sie eine Augenweide. Sie hatte ihre langen braunen Haare zu einem schnellen Knoten im Nacken gebunden. Ihr kurzer Kimono zeigte mehr, als er verdeckte. Die schlanken Beine steckten nur in kleinen Plüschpantoffeln.

Sie schaute kurz an sich hinunter und musste lächeln. Klar, nicht nur er bediente das Klischee. In ihrem Aufzug sah sie nicht minder aufreizend aus.

»Zeigen Sie es mir?« Der umwerfende Kerl flirtete mit ihr!

»Sie haben es wohl nicht so mit Wegbeschreibungen?« Er gefiel ihr.

»Nein, ich kann mir solche Sachen immer ganz schlecht merken. Außerdem bin ich ein Mann.« Da stellte er sich breitbeinig in den Flur, zuckte mit den Schultern und streckte die Arme aus. Mühelos hielt er den schweren Werkzeugkoffer in der Hand.

Melanie genoss seinen Anblick,

»Hm, das heißt was genau?«

»Ich frage nie nach dem Weg. Ich kreise mein Ziel ein.« Schmunzelnd machte er sich auf in Richtung Bad. Nach ein paar Minuten hörte sie ihn in dem Raum hantieren. Sie ließ ihn machen und ging in die Küche. Einige Zeit später wurde unverhofft die Tür geöffnet und er rief ein *Wenn sie wollen – Duschen ist ab jetzt möglich!* in den Flur.

Wie auf heißen Kohlen saß Melanie in der Küche und wartete auf die Dinge, die sich noch entwickeln sollten.

Seine provokante Frage erschütterte sie, aber nur für eine Sekunde. Eigentlich hatte sie doch damit gerechnet, seit er durch die Tür gekommen war. Manche Dinge waren einfach unvermeidbar.

Ihr *Endlich!* war eine Erleichterung und auch eine Vorahnung, was sich in den nächsten Minuten abspielen würde. Ihre Haut kribbelte vor Aufregung. Ihr Atem beschleunigte sich nur bei dem Gedanken, dass er sie berühren könnte.

Die hochexplosive Spannung, die sich schon vorhin zwischen ihnen aufgebaut hatte, brauchte in Ventil.

Langsam strich sie den Kimono von ihren Schultern, schlüpfte aus ihrem Slip und ließ ihre Hausschuhe gleich daneben stehen. Sie schnappte sich zwei Tassen, gefüllt mit frischem Kaffee, und schritt damit vorsichtig den Flur entlang zu ihrem Bad.

Er stand mit dem Rücken zu ihr, bastelte noch an den Drehknöpfen der Warmwassereinstellung. Sah sie also nicht kommen. Mit seiner schnuckeligen Hinteransicht bückte er sich und so zeichnete sich seine wohl geformte Kehrseite deutlich unter der Hose ab. Ein Schauer jagte den Nächsten. Ihr wurde warm. Und es sammelte sich eine intensive Hitze in ihrem unteren Bauch an. Gefährlich. Aber sehr erregend.

Nackt, wie Gott sie geschaffen hatte, und nur mit den Kaffeebechern in der Hand, stand sie hinter ihm. Ein wenig lächerlich musste sie in diesem Moment wirken. Aber im Augenblick war es ihr furchtbar egal. Dieser Mann war ihr persönlicher Held. Wer an so einem Tag für ihr Wohlbefinden sorgen konnte, musste belohnt werden. Tja, und das fand sie passend und angebracht. Oder nicht?

Bei dieser Frage musste sie anzüglich grinsen und genau bei diesem Grinsen drehte sich ihr Held um.

Sein fassungsloses *Oh man!* erheiterte sie nur noch mehr.

»Kaffee?« Sie hielt ihm den Becher hin.

»Kaffee?« Sein betretenes Gesicht machte es nicht besser.

»Möchten Sie Milch und Zucker dazu? Dann müsste ich noch mal in die Küche.« Ganz behutsam, so als würde sie die Tassen nicht verschütten wollen, drehte sie sich um, machte einen Schritt aus der Tür.

Sofort wurde sie von zwei starken rauen Händen, die sich um ihre Taille legten, vorsichtig zurückgehoben.

»Schwarz bitte! Wie meine Seele«, hauchte er ihr in den Nacken und zog sie zurück in das Badezimmer. Fuhr mit seinen Arbeiterhänden von ihren Schultern über ihre Oberarme hinab zu ihren Ellenbogen, den Unterarmen und nahm ihr die beiden Tassen aus der Hand. Er stellte sie auf die Waschbeckenablage und drehte Melanie mit Schwung in seinen Armen um.

Der Monteur schaute ihr tief in die Augen, obwohl das bestimmt nicht der erste Hingucker für ihn gewesen war. Dann beugte er sich zu ihr hinunter und drückte seine heißen und gierigen Lippen auf die ihren.

Seine Hände wanderten in der Zwischenzeit forschend über ihren Körper. Er presste seine Finger verlangend in ihren kleinen Po und schob sie so dichter an seinen Körper. Durch seine feste Arbeitshose hindurch spürte sie seine Erregung.

Der raue Stoff rieb über ihren Venushügel. Dadurch, dass sie ihn seit zwei Tagen nicht rasiert hatte, wuchsen die kleinen Härchen nach und widersetzten sich dem Stoff. Dieses herrliche Gefühl löste eine Welle der Lust in ihr aus, die nur er befriedigen konnte.

Sie musste einen kleinen Laut von sich gegeben haben, der ihm so gefiel, dass er beim nächsten Kuss in ihren Mund stöhnte.

Melanie schlang ihre Arme um seinen Nacken, erwiderte voller Inbrunst seine Leidenschaft.

Nach einer Weile reichte ihnen Küssen nicht mehr. Sanft bog sie sich in seinen Armen zurück, ließ die ihren über seinen festen Nacken und die breiten Schultern gleiten. Ihre Finger ertasteten auf dem Weg nach unten jeden definierten Muskel, jede Sehne und die Härchen, die sanft ihrer Berührung nachgaben. Fuhr weiter über seine Handgelenke zu den Handrücken, dann zu seinem Hosenbund.

Latzhosen konnten auch hinderlich sein.

Sie strich zurück zu seinen Schultern, schob die Träger der Hose darüber. Er hob die Arme aus den Schlaufen, griff aber gleich wieder nach ihrem Po.

Ein wenig Vorwurf legte sie in ihren Blick. »So gierig!« Es war der Wahnsinn.

Wie von selbst fanden ihre Finger die feste Haut unter seinem T-Shirt. Kühle, harte Muskeln. Melanie berührte ihn und jede Stelle, die ihre neugierigen Finger erreichen konnten, überzog eine kleine Gänsehaut. Es törnte sie furchtbar an, dass er so intensiv auf sie reagierte.

Wenige Augenblicke später rutschte seine Hose über die Beine, er stieg aus ihr heraus, zerrte sein Shirt über den Kopf, entledigte sich auch gleich seiner Strümpfe und Schuhe.

In seiner ganzen männlichen Pracht stand er vor ihr.

»Wie war das mit dem Duschen?« Dabei lächelte er so sinnlich, dass sie ihm nichts mehr entgegenzusetzen hatte.

»Herzlich gerne!« Sie strahlte ihn an. In seinen Augen stand nichts als pures Verlangen.

Galant reichte er ihr die Hand. Was natürlich wieder überhaupt nicht zu ihrem derzeitigen Kleidungsstil passte. Bei seiner Verbeugung kicherte sie leise, um dann gleich vor lauter Lustwallungen scharf den Atem einzuziehen.

Zusammen stiegen sie in die Dusche.

»Ich möchte Ihre Arbeit testen, bevor ich Sie gehen lasse! Die Telefoniererei, wenn es keine qualitativ hochwertige Rohrverlegung ist, ist mir dann zu stressig!« Leicht neckend bewegte sie sich an seinem Körper und berührt dabei sein *Rohr.* Kurz umfasste sie es sanft und bewegte ihre Hand hin und her.

Dabei schmiegte sie sich fester an ihn. Er war männlich behaart, jede Stelle kribbelte und kitzelte an ihr.

»Aber Frau Brünner, natürlich müssen Sie sie testen. Immerhin sind wir für unsere hervorragende Arbeit *und* die Befriedigung all unserer Kundenwünsche bekannt.« Schamlos stellte er das Wasser an, temperierte es auf lauwarm und zog Melanie nur noch enger an sich.

Er angelte sich einen Schwamm vom Duschregal, welches hinter ihr an der Wand stand, drückte eine übergroße Menge an Duschgel darauf und verknetete es in der Hand. Dann begann er, ihren Körper von den Schultern ab über den Rücken hinunter zum Po einzuseifen. Wie eine geschmeidige Katze bewegte sie sich mit den reibenden Kreisbewegungen mit. Fast hätte sie geschnurrt.

Unverhofft kniete er sich vor sie. Seifte ihre Füße ein, ihre Waden, weiter hoch zu ihren Oberschenkeln. Voller Konzentration rieb er den Schwamm über ihren Bauch, abwärts zu ihrer Vagina. Die kreisenden Bewegungen wurden zu langen, fahrigen Strichen. Gleich darauf drückte er seinen Mund auf ihre eingeseifte Pussy. Dann spülte er sie mit dem Schwamm ab und widmete sich ihr mit Inbrunst.

Melanie zitterten die Knie. Kaum konnte sie sich auf den Beinen halten. Und sein forscher Mund auf ihrer empfindlichsten Stelle ließ sie aufstöhnen. Verzweifelt versuchte sie, sich an seinen Schultern festzukrallen.

Als er dann auch noch seine Zunge zum Einsatz brachte, war es um sie geschehen. Er drückte resolut, dennoch sehr bewusst auf ihren Kitzler.

»Jesus Maria«, erklang ganz heiser und aufgelöst ihre Stimme.

Frech wie er war, meinte er nur: »Was, die willst du auch einladen?«

Sie war aber nicht minder auf den Mund gefallen. »Das würde ein Spaß werden!« Und ihr Lachen verwandelte sich in ein verführerisches Seufzen.

Mittlerweile stützte sie sich mit einer Hand an der Duschkabine ab. Die drängenden Berührungen seiner Zunge an ihrem Kitzler ließen sie fast in die Knie sinken. Mit seinen kräftigen Händen hielt er ihre Hüften fest. Fixierte ihren Körper.

Sie konnte nicht genug von ihm bekommen.

Halt suchend legte Melanie die Arme um den starken Nacken ihres Helden.

»Bei Beschwerden, über wen müsste ich mich dann beschweren?« Zwischen zwei sinnlichen Angriffen konnte sie diesen Satz loswerden.

»Beschwerden?«

»Wenn zum Beispiel ein Rohr nicht richtig verlegt wurde.«

»Oh, Baby, darüber wirst du dich sicher nicht beschweren!« Damit hob er sie leicht hoch, legte ihr Bein um seine Taille und drang mit einem gezielten Stoß in sie ein.

Vor freudiger Überraschung seufzte sie auf. Legte den Kopf in den Nacken und bot sich ihm komplett an. Sie wollte unbedingt sein kräftiges Eindringen erwidern. Durch die beengten Verhältnisse der Dusche war dies leider nicht möglich.

Rasend vor Begehren bewegte sie sich auf und ab. Rieb sich an ihm. Klammerte sich an seine Oberarme und küsste ihn auf den Hals.

»Ich will alles«, stöhnte sie an seinem Mund.

»Bekommst du!« Keuchend versuchte er, in der nassen Dusche Halt zu finden. Ihr fiel das kurze Schwanken auf und auf ihrer beiden Sicherheit bedacht, flüsterte sie ihm ein Zauberwort zu: »Schlafzimmer!«

»Oh, Gott sei Dank! Ja!« Sie glitt von ihm runter, fand einen festen Stand, indem sie sich an ihm und an der Duschkabine festhielt. Sie stieg hinaus, drehte sich auf dem Vorleger zu ihm um, schaute ihn lüstern unter verhangenen Augen an, hob ihre Hand, lockte ihn mit dem Finger, ihr zu folgen.

Nichts anderes hatte er scheinbar vor. Sein Penis stand prall und aufrecht von seinem Körper weg. Wie eine Wünschelrute, die ein feuchtes Loch suchte. Sie brauchte nicht lange auf ihn zu warten. Fast klebte er an ihr, um dicht hinter ihr ins Schlafzimmer zu treten.

Melanie war geil. Ihn ihr kribbelte alles, sehnte sich nach Erlösung, aber auch nach tiefer Erotik.

***

Ohne abzuwarten, packte er sie wieder, hob sie erneut an sich hoch und bohrte sich von hinten in ihren feuchten, willigen, bereiten Körper. Ihre nasse Pussy nahm ihn ungehindert auf. Sie beugte sich weiter vor, damit er noch tiefer in sie eindringen konnte, stützte ihre Hände auf ihr Bett ab, presste ihren Rücken durch, sodass sich ihre Hüften weiter hoben. Es schien fast so, als würde sie ihn verschlingen wollen.

Mit jedem Stoß versenkte er seinen Schwanz in ihr. Seine Eier klatschten an ihre nasse Scheide. Diese Stellung, bei der er alles sehen konnte, wie er sich in sie bohrte und wenn er sich zurückzog, wie ihre Spalte leicht offen blieb, bis er seinen großen Schwanz wieder in sie schob. So einladend. Ein tiefer wollüstiger Ton grollte aus seiner Kehle hoch.

Mit einer Hand stützte er sie weiter, die andere fuhr jetzt über ihren runden, knackigen Po. Seinen Daumen drückte er auf die süße, kleine Rosette, die sich so schön spannte, wenn er in ihre Muschi eindrang, deren Stimulation ihr ein weiteres Keuchen entlockte. Intensiv erforschte er sie, leckte seinen Daumen an und drückte ihn dann wieder auf dieses Löchlein. Als Reaktion kreiste sie gierig mit dem Becken.

Ihre Haare, die sich mittlerweile aus dem Knoten gelöst hatten, fielen über ihre Schultern und ihren Kopf nach vorn, was sie noch verruchter aussehen ließ.

Er wollte noch nicht aufhören, er wollte sehen, wie sich die Mähne um ihren Kopf legte, wenn sie ihn ritt.

Noch einmal stieß er in sie. Verharrte in ihr. Bis sie vor lauter Frust wimmerte.

***

»Mach weiter, bitte, fester!«

»Nix da, Frau Brünner!« Das leichte Schmunzeln in seiner Stimme irritierte sie. Sie blickte über ihre Schulter und zog scharf die Luft ein. Die Gier, das Verlangen in seinen Augen brachte sie nah an eine Explosion.

»Bitte ...«, wimmerte sie. Sie bettelte! *Oh Gott, Melanie, so ausgehungert kannst du doch gar nicht sein?*

Langsam zog er sich aus ihr zurück. Der verstimmte Ton, den sie dabei abgab, ließ ihn Lachen, sein ganzer Körper vibrierte und Melanie spürte es sogar in ihrer Muschi. Das war so eine wahnsinnige Erfahrung, dass ihr die Beine weich wie Pudding wurden.

Kurz stützte er sie, da sie wegknickte. Würde sie ihre Beine je wieder benutzen können?

Geschmeidig glitt er neben sie auf die Matratze. Räkelte

sich vor ihr in seiner ganzen männlichen Nacktheit. Dann streckte er ihr die Hände entgegen.

»Los, komm schon, ich habe da ein undichtes Rohr. Es muss in seine passende Muffe!« Frech zwinkerte er ihr dabei zu.

Glühend flutete Verlangen durch ihren Körper. Sengende Wellen der Lust schwappten über sie hinweg. Schlagartig wurde sie noch feuchter. Sie hatte das Gefühl, ihr Mösensaft befeuchtete ihre Schenkel.

Rache war süß.

Lasziv bewegte sie sich auf ihn zu. Gerade als er sie packen und auf sich ziehen wollte, wich sie ihm aus. Bewegte sich um das Bett herum, zeigte sich ihm von jeder ihr möglichen Seite.

»Gefalle ich dir?«

Er zeigte auf seinen steil aufgerichteten Penis.

»Hast du daran Zweifel?«

Am Bettende kam sie zum Stehen, kroch auf allen vieren auf die Matratze und schlängelte sich langsam und genussvoll an ihm hoch.

Seine leicht gespreizten Beine boten ihr einen reizvollen Einblick auf seinen Schwanz. Das arme undichte Rohr. Sie grinste bis über beide Wangen. Endlich hatte sie ihn erreicht, drückte ihr Gesicht auf seine Haut. Rieb ihre Nase an seinem harten, aufrechten Geschlechtsteil.

»Wie sieht es aus?« Sie hatte immer noch nicht vergessen, dass er ihr seinen Namen nicht verraten hatte. »Was muss ich tun, damit ich deine Nummer bekomme?« Sie leckte vom Hoden über die kleine Falte, die seinen Schwanz umgab, bis zu der großen pflaumenartigen Eichel. Umschloss sie fest mit ihren Lippen und sog sie tief in ihren Mund.

Köstlich waren die tiefen Lustlaute anzuhören.

Sie schaffte es nur, ihn ein paar Augenblicke so zu verwöhnen, dann zog er sie an den Haaren nach oben. Dirigierte sie auf sich.

Sie spreizte willig die Beine. Öffnete sich ihm, gewährte ihm den Blick auf ihren feuchten Eingang. Sie hielt seinen Schwanz fest umfangen, strich mit ihm durch ihre Spalten, brachte ihn nah der Verzweiflung.

»Steck ihn rein.« Scheinbar war er an der Reihe mit Betteln.

Seine Stimme ermunterte sie noch mehr, Melanie setzte sich direkt über sein Liebesrohr und ließ es langsam und genussvoll in sich gleiten. Vor Wonne schloss sie dabei die Augen.

***

»Reite mich, bewege dich.« Sein Körper verlor die Kontrolle. Seine Hüften zuckten unter ihr. Drängten sich ihr entgegen. Aber Melanie ließ sich nicht drängen. Bewusst langsam wiegte sie ihr Becken. Nahm seine Hände, die sich um ihre Taille krampften, legte sie auf ihren Busen.

»Festhalten und kneifen!«

Seine Augen weiteten sich vor lauter Überraschung. Natürlich kam er dem Wunsch der Kundin umgehend nach.

Sie warf den Kopf in den Nacken, begann endlich, sich auf ihm zu bewegen. Erst noch langsam, dann stützte sie ihre Hände auf seine starke Brust und hob immer schneller ihre Hüften. Sie beugte sich für einen kleinen Moment über ihn, küsste ihn auf den Mund. Die Veränderung des Winkels, seines Eindringens traf scheinbar eine besonders sensible Stelle und ohne Vorwarnung verharrte sie in der Position, in ihrem Inneren zogen sich ihre Muskeln rhythmisch zusammen.

Mit seinem Penis spürte er die Kontraktionen deutlich, fühlte sich gemelkt. Er lag da, rang nach Atem und stieß noch einige Male in ihren willigen Körper, um sich dann in ihr zu ergießen. Geräuschvoll bog er sich ihr entgegen. Sein ganzes Sein, schien sich ihr zu ergeben.

»Peter«, krächzte er leise. Hieß er so? War das sein Name? Himmel, gerade war er nicht im Besitz seiner vollen Sinne.

Diese Frau war der Hammer. Selten hatte er so guten Sex gehabt. Und dass sie so spontan darauf eingestiegen war, herrlich. So sollten die Tage immer enden.

Noch schwelgte er in den Nachwehen seines Orgasmus, da spürte er, wie sie sich über ihn beugte und an seiner Brust lächelte. »Nein – Melanie.« Das ließ ihn kurz zweifeln, dann begann seine Brust zu beben.

»Ist klar!«, griente er dabei. Völlig fertig sah er sie an. »Haha, Baby, nicht so spitz!« Dabei klapste er ihr auf den Hintern.

Seine Göttin hob den Kopf, erhaschte offenbar einen Blick auf den Wecker neben ihrem Bett. Ruckartig setzte sie sich auf ihn auf. Sein Schwanz glitt aus ihr heraus.

»Ach du Scheiße!« Sie krabbelte von ihm runter und rannte ins Bad.

Peter blieb liegen. So wohlig und entspannt hatte er sich seit Langem nicht mehr gefühlt. Sie hatte seine Sexerfahrungen, wenn es um Spontanität und Offenheit ging, um einiges erweitert. Meist brauchte er einige Anläufe, eine Frau ins Bett zu bekommen. Was nicht an seinem Aussehen lag, eher an den mangelnden Gelegenheiten. Melanie war eine rattenscharfe Braut. Wie er so an ihre weiche, glatte Haut dachte, an ihre wunderbar feuchte, fast haarlose Möse, die kleinen Stoppeln waren ein zusätzlicher Reiz gewesen, an die steifen Nippel. Sein bestes Stück regte sich und wollte mehr. Viel mehr.

Er drehte sich zur Seite, blickte ebenfalls auf den Wecker. Plötzlich richtete auch er sich auf. Scheiße, es war wirklich schon spät geworden. Seine kleine Lustfee hatte ihm jegliches Zeitgefühl rausgevögelt. Und sein verräterischer Schwanz wurde noch steifer.

»Melanie …« Er mochte ihren Namen. »Melanie, hey, Zuckerschnecke?« Dann hörte er im Bad das Wasser rauschen. Nun, er würde ohnehin viel zu spät zum nächsten Auftrag kommen. Sie wahrscheinlich auch, wo immer sie noch hinwollte.

Vorsichtig pirschte er sich im Bad an die Duschtür. Öffnete sie, Melanie stand mit dem Rücken zu ihm. Sehr gut.

Seine Arme fassten nach ihr. Sie gab einen erschreckten Laut von sich, drehte sich in seinen Armen um und sah ihn sehnsüchtig an.

»Ich muss mich beeilen. Die Arbeit ruft!« Leider entnahm er ihrem Gesichtsausdruck, dass alles, was er sich vorgestellt hatte, in seiner Fantasie bleiben würde.

»Sehen wir uns wieder?« Er ließ sie nur sehr widerwillig los, ging ein paar Schritte zurück und lehnte sich an die Badtür. Melanie betrachtete ihn von oben bis unten. Drehte an den Wasserhähnen und sagte ganz nonchalant: »Peter?« Sie sah ihn augenzwinkernd an. »Ich glaube, ich muss meinen Auftrag erweitern.« Dann griff sie nach dem Badetuch, senkte den Blick, kam auf ihn zu.

***

»Aber leider habe ich sehr wenig Geld zur Verfügung. Ich werde das in Raten zahlen müssen! Ich hoffe, dein Stundenlohn ist erschwinglich?« Gespielt kleinlaut ließ sie die Schultern hängen und schaute ihn herausfordernd von unten her an. Er verschränkte die Arme vor der Brust. Immer noch vollkommen nackt, sah er göttlich aus.

»Ratenzahlung ist möglich. Zahlung in Naturalien mir aber persönlich lieber.«

Sie starrte auf seinen voll erigierten Schwanz, für einen Augenblick wurde sie wankelmütig. Aber nein. Arbeit ging vor.

»Ich muss in einer Viertelstunde los. Leider.« Sie öffnete das Badetuch, schritt auf ihn zu, rieb sich an seinem verführerischen Körper und küsste ihn auf den Mund.

Er hauchte ihr zu: »Das schaffe ich nicht, für dich brauche ich mehr Zeit.« Ein wohliger Schauer durchfuhr sie.

»Gib mir deine Nummer. Ich rufe dich an!«

»Nichts da, Baby! Ich warte nicht drauf, dass du mich irgendwann zurückrufst. Ich weiß, wo du wohnst.« Er drückte sie an seinen Körper, ließ sie seine Erregung spüren.

Sie grinste ihn an. Wand sich aus seinen Armen, zog ihre bereitgelegte Wäsche an, hauchte ihm einen Luftkuss zu. Melanie lief in die Küche und packte ihre Tasche.

»Bleibst du, bis ich zurückkomme? Oder verlegst du auch bei anderen Rohre?« Sie hörte sich aber nicht eifersüchtig an?

»Baby, ich bin ein Monteur, der gern ein und dieselbe Muffe benutzt.« Sein heiseres Lachen verfolgte sie noch, als sie schon zur Tür hinauseilte.

Die heisse Lehrerin meines Sohnes

»Jordan? Jordan! Lese ich das hier richtig? Ich habe heute einen Termin bei deiner Lehrerin?« Jason lief rufend durch sein Haus. »Jordan, wo steckst du?« Vor ein paar Minuten hatte er den Zettel in den Schulsachen seines Sohnes gefunden. »Jordan, verflixt, so antworte doch!« Er blieb kurz stehen, um auf eine eventuelle Antwort zu hören. Diese blieb aber aus.

Dann schlug er sich an die Stirn.

Wie dämlich konnte er nur sein? Sein dreizehnjähriger Sohn war seit gestern nicht zu Hause, erstens war Oma-Woche gewesen und jetzt auch noch ein Brückentag. Also ein langes Wochenende und er verbrachte zwei Tage bei seinem Kumpel Dennis. Er hatte es vergessen. Oh Mann! Wie konnte man so verpeilt sein?

Er arbeitete im Wochenrhythmus auf einer Bohrinsel. Eine Woche Dienst – eine Woche frei. Bisher hatte er das gut mit der Erziehung und der Zeit, die er so mit Jordan verbringen konnte, unter einem Hut bringen können. Nur seit der junge Mann eine Klassenstufe höher gekommen war, war es immer öfter zu Konflikten zwischen ihm und seinem Sohn gekommen.

Auch seine Mutter, eine sehr resolute, dennoch herzensgute Frau, hatte begonnen, ihn strenger zu ermahnen.

Vor einer Stunde war er also vom Dienst heimgekommen, hatte sich geduscht, in den Kühlschrank geschaut und ihnen beiden was zu essen kochen wollen. Da hatte er das aufgeklappte Heft auf dem Küchentresen liegen gesehen und sein schöner gemütlicher Abend war dahin gewesen. Jordan hatte es wahrscheinlich dort platziert, damit sein Vater es sehen konnte, während er selbst aber weit weg war. Kinder!

Einladung zum Elterngespräch, Montag 17:30 Uhr.

Mit freundlichen Grüßen, R. Müller

Nicht, dass er sich seine freie Zeit anders vorgestellt hätte. Und wieso arbeitete die Lehrerin heute an einem Brückentag? Da kam ihm auch schon die Eingebung. Er hatte vorige Woche mit seiner Mutter telefoniert und sie hatte ihm erzählte, dass viele Eltern sich den heutigen Tag gewünscht hatten, wegen frei und so. Seine Mutter schien davon auszugehen, dass er heute nach dem Dienst, gleich dorthin konnte oder wollte.

Laut murmelte er vor sich hin: »Nichts zu essen, kein Kind im Haus und jetzt soll ich auch noch alleine zu diesem Termin in der Schule – prima. Ich habe ja überhaupt nichts anderes vorgehabt. Nein, überhaupt nicht!« Mit einem lauten Knall schloss er die Küchentür, rannte die Treppen hinunter, fingerte im Vorbeigehen seinen Autoschlüssel vom Brett und machte sich auf den Weg zur Schule.

Fünf Minuten zu spät stand er vor dem Klassenraum. Die Tür war einen Spalt breit offen, im Raum herrschte absolute Stille.

Er würde ihm heute noch etwas antun, wenn der Termin abgesagt werden würde. Das schwor er sich!

Vorsichtig gab er der Tür einen leichten Schubs, damit sie

sich weiter öffnete. Am Lehrertisch saß tatsächlich eine Frau über einen Berg Hefte gebeugt. Er stand eine Weile da, sie registrierte ihn aber nicht. So würde er sich wohl bemerkbar machen müssen.

»Schönen guten Abend«, versuchte er, so gelassen wie möglich zu klingen. Er hatte sich mittlerweile an den Türrahmen gelehnt und wartete ihre Reaktion ab.

Sie hob den Kopf, schien nicht übermäßig überrascht zu sein. »Guten Abend, Herr Gruber?«

»Derselbige.«

»Sie sind spät dran!«

»Ich stehe hier schon eine Weile!«

»Nein, das glaube ich nicht, das hätte ich gemerkt, aber wenn sie es sagen ...«, ließ sie ihre Antwort im Raum stehen.

»Gute Frau, wollen Sie mir unterstellen, ich würde lügen?« Jason lehnte immer noch lässig mit der Schulter an der Tür. Sein Gesichtsausdruck war süffisant und provozierend hob er dazu eine Augenbraue.

Er wusste, welche Auswirkung sein Aussehen auf Frauen hatte. Trainiert durch die Arbeit, breite Schulter, Waschbrettbauch, den er durch die T-Shirts immer betonte, schmale Hüften und lange, kräftige Beine. Die Haare trug er frech in die Stirn fallend. Außerdem hatte er sich über die Jahre einen ganz bestimmten Blick angeeignet, bei dem Frauen das Gefühl hatten, er würde ihnen in die Seele blicken – gut, das hatten ihm einige seiner letzten Bekanntschaften erzählt. Er selbst hatte keine Ahnung, wovon sie sprachen, aber es schien zu wirken.

Er konnte genau beobachten, wie ihr Gesicht rot wurde, ihre Wangen schienen fast zu glühen.

»Oh nein, auf keinen Fall ... Es tut mir leid. Entschuldigen Sie!« Es hatte fast den Anschein, als würde sie sich tiefer hinter dem Berg von Heften verstecken wollen.

»Ich nehme an, Sie sind Frau Müller, die Lehrerin meines Sohns Jordan?« Er hatte sich von dem Türrahmen abgestoßen und schritt jetzt direkt auf sie zu.

Sie wirkte augenblicklich noch verschüchterter. Na, als Lehrerin mochte das kein Vorteil sein.

»Von Jordan Gruber? Ja, die bin ich«, kam es schüchtern hinter dem Schreibtisch hervor.

»Dann haben wir einen Termin!« Übertrieben freundlich ging er auf sie zu, blickte demonstrativ über die Hefte und reichte ihr von oben herab die Hand. Eine seltsame Situation. In dem Moment schaute sie auf. Und ihm direkt ins Gesicht.

Hinter der Brille fixierten ihn große braune Augen.

Schüchtern wirkten diese auf keinen Fall, eher interessiert, aufmerksam und willensstark. Das passte so gar nicht zu der restlichen Aufmachung. Ihre langen braunen Haare waren zu einem strengen Knoten nach hinten gebunden. Eine hochgeschlossene Bluse mit langen Ärmeln verstärkte das autoritäre Lehrerbild. Alles an ihr war ein Widerspruch. Das zaghafte Verhalten im Gegensatz zu ihren Augen, der Blick, mit dem sie ihn eingehend betrachtete, ihre konservative Anzugsordnung im Kontrast zu den großen Brüsten, die sie damit betonte.

Sie war ihm ein Rätsel.

Sie starrte immer noch auf seine Hand, legte ihren Stift beiseite und griff danach. Die kleinen elektrischen Stöße waren nicht nur spürbar, nein, er glaubte fast, sie zu sehen. Das würde eine interessante Besprechung werden.

»Na, dann wollen wir mal, setzen Sie sich doch bitte in die erste Bankreihe.« Sie deutete auf einen Platz ihrem Schreibtisch gegenüber.

Jason machte jetzt einen auf gehorsamen Schüler, quetschte sich auf den Sitz, legte die Unterarme auf der Schulbank ab und blickte sie erwartungsvoll an.

»Sie haben mit Jordan gesprochen?«

»Nein, ich bin heute Nachmittag erst von einem einwöchigen Dienst nach Hause gekommen. Der junge Mann schläft während dieser Zeit bei der Oma und ich glaube, Dennis hat heute Geburtstag. Ich habe ihn noch nicht gesehen.« Hm, für ihn selbst hörte sich das nach einer Rechtfertigung an. Aber warum und für was? »Was hätte er mir denn sagen sollen?«

»Gut, dann erzähle ich Ihnen von dem Vorfall. Ich möchte jetzt nicht als Petze dastehen, es ist rein informativ, wir müssen die Eltern darüber in Kenntnis setzen und ein Gespräch anberaumen.« Jason stützte seinen Ellenbogen auf der Tischplatte ab und legte seinen Kopf auf die Handfläche.

Er driftete mit seinen Gedanken davon. Er hörte ihr nicht mehr zu. Nahm ihre Stimme zwar wahr, aber der Sinn entzog sich ihm völlig. Ja, natürlich sollte er ihr zuhören, immerhin ging es hier um seinen Sohn.

Möglicherweise war seine letzte Beziehung zu einer Frau zu lange her gewesen. Sex genauso lange. Vielleicht gaukelte sein verwirrtes Hirn ihm deswegen Halluzinationen vor.

Der Raum um ihn herum verschwamm, nur die Frau vor ihm stand im Mittelpunkt seines Denkens. In seiner abstrusen Fantasie bewegte sie sich hinter dem Schreibtisch hervor, hob ihre Arme, löste den Knoten aus ihren Haaren, schüttelte sie langsam aus. Lange dunkle Strähnen fielen geschmeidig über ihre Schultern. Sie reichten ihr bis zu ihrem großen Busen. Langsam wiegte sie ihre Hüften, rieb sich mit ihren Händen über ihren Körper. Fand die Knöpfe an der Bluse und öffnete jeden mit sinnlichen Bewegungen.

Wenn er könnte, wie er wöllte, würde er sabbern.

Sie strich in kleinen, kreisenden Bewegungen über ihr Dekolleté, über ihre Brüste und öffnet Zentimeter für Zentimeter den Stoff. Dabei schloss sie die Augen, legte leicht den Kopf in den Nacken, schüttelte ihre Haare auf den Rücken. Während sie sich immer weiter mit den Hüften wiegte, streichelte sie sich aufwärts ihren Nacken entlang, fuhr in ihre Haare.

Ihre Mähne war für ihn eine Offenbarung. Seit sie sie geöffnete hatte, standen sie bei ihm im Fokus, sogar noch vor ihrer großen Oberweite.

Geschmeidig schüttelte sie ihren Kopf.

Dann wanderten ihre Hände wieder an ihrem Körper hinab zu ihrem Busen, der jetzt gut sichtbar war. Sie trug einen weißen Spitzen-BH, der ihre roten dunklen Vorhöfe durchblitzen ließ. Und sein Körper begann zu reagieren.

Am liebsten wäre er sofort aufgestanden, hätte seine Hände auf ihren weichen Rundungen gepresst und ihr den BH von den Schultern geschält.

Tief musste er Luft holen.

Halleluja ... Jetzt ging mit ihm nicht nur die Fantasie durch. Eine verdammt flüssige Hitze sammelte sich in seiner Lendengegend. Sein Schwanz wurde noch eine Spur fester.

Er konnte sich sehen, wie er sich von dem Stuhl erhob, sich ihr geschmeidig und lüstern näherte. Sein Gesicht auf den großen Busen presste. Gierig beugte er den Kopf, um den festen Nippel in den Mund zu nehmen. Der Geruch ihrer Haut versengte seine Sinne. Seine Lippen öffneten sich leicht, schon konnte er durch den Stoff des BHs den festen Knuppel mit der Zunge erahnen.

»Herr Gruber?« Lautstark ertönte sein Name in einem forschen und gebieterischen Tonfall. Mochte er diese Art? Oh ja, es zeigte ihm neue Möglichkeiten und sein Blut rauschte in den Ohren.

»Herr Gruber!« Die Stimme passte nicht in seine Halluzination, seine erotische Wahnvorstellung.

»Ich muss sagen, jetzt weiß ich, woher Jordan seine Veranlagung hat. Sie hören mir genauso wenig zu wie ihr Sohn!« Seine Sexgöttin verwandelte sich vor seinen Augen wieder in die strenge Lehrerin. Mit angewinkelten Armen, die sie auf die Hüften abstützte, stand sie vor seiner Schulbank. Wenn sie wüsste, wie diese Bewegung ihren Busen betonte. Ihr Becken drängte sich voll in seine Sicht.

Jason schüttelte sich leicht. Mit großen Augen schaute er sie verwirrt an. Worüber verflixt noch mal hatte sie gesprochen?

Schuldbewusste kniff er sie zusammen und wartete auf eine weitere Schelte.

Doch die blieb aus.

Langsam öffnete er sie wieder einen Spalt. Leicht schmunzelnd und die Arme unter der Brust verschränkt, stand die Lehrerin vor ihm.

»Wissen Sie eigentlich, wie ähnlich Sie Ihrem Sohn sind? Verleugnen können Sie ihn auf keinen Fall.« Jason sah sie vorsichtig unter gesenkten Lidern hervor an.

Weiterhin verwirrt, kratzte er sich am Kopf. »Das heißt jetzt, was?«

»Das heißt, dass ich mir überlegen muss, wen ich zur Rechenschaft ziehe.«

Zeigte sich auf ihrem hübschen Gesicht ein verschmitztes Lächeln? Seine Gefühle und sein Kopf spielten verrückt.

Verdattert, so glaubte er, war eine passende Beschreibung.

»Tut mir leid, ich kann Ihnen nicht mehr folgen.«

»Ja, das Gefühl habe ich auch. Ebenso bei Ihrem Sohn. Wobei wir wieder beim Thema wären. Ich bitte sie aufs Dringlichste, nutzen Sie die gemeinsame Zeit mit ihm, sprechen Sie sich mit ihm aus.«

Bei seinem verblüfften *Worüber?* schnippte bei ihr mit einem Ruck die Augenbraue nach oben.

»Sie haben mir tatsächlich nicht zugehört!« Jetzt war sie es, die verblüfft den Kopf schüttelte.

Resigniert seufzte sie auf. Ging um den Tisch, zog einen der leeren Stühle aus der Bankreihe und ließ sich ihm gegenüber darauf nieder.

Jason kam sich vor wie ein Schuljunge. Gescholten und genötigt, vor der Rektorin Abbitte zu tun. Aber irgendwie fühlte es sich aufregender, nein, anregender an. Wie sie so vor ihm saß, aufrecht, den einen Arm auf den Tisch gestützt, den anderen auf der Stuhllehne abgelegt. Das eindrucksvolle Bild einer respekteinflößenden Persönlichkeit. Ihre Bluse spannte über ihrem beeindruckenden Vorbau.

Er war dabei, schon wieder unkonzentriert zu werden. Sein Blick blieb an ihren Busen geheftet. Wie lange war es her, dass er in so einer Aussicht geschwelgt hatte?

»Herr Gruber!« Die Stimme wurde erneut resolut. »Wo soll das hinführen? Sie hören mir schon wieder nicht mehr zu!« Jetzt folgte sie seinen Augen. Endlich bemerkte sie, wohin er die ganze Zeit starrte.

***

Langsam hob Becky den Kopf. Zwischen zusammengekniffenen Augen betrachtete sie den vor sich sitzenden Vater einer ihrer Schützlinge. Um Himmels willen, was sollte sie dazu noch sagen? Sie arbeitete jetzt seit fast fünf Jahren an der Schule. Jordan war seit ungefähr zwei Jahren ihr Schüler. Bisher war er auch noch nie aufgefallen, hatte nirgendwo Probleme gehabt. Aber meistens war es so, wenn die Jungs in die Pubertät kamen und die Mädchen entdeckten, entdeckten sie auch ihre wilde Seite.

Gott, nein. Jordan war nicht wild! Er war einfach abwesend, genau wie sein Vater, der gerade vor ihr auf dem Kinderstuhl versuchte, lässig zu wirken. Nur dass nicht sie in Jordans Fokus stand, sondern eine Klassenkameradin. Sie himmelte er an und vergaß alles um sich herum. Aber wirklich alles. Und dann diese Prügelei, als er gemeint hatte, sie beschützen zu müssen. Eigentlich war das ja furchtbar niedlich, aber leider nicht mit der Schulordnung vereinbar gewesen. Da er sich auch noch strikt geweigert hatte, sich bei dem anderen jungen Mann zu entschuldigen, hatte die Anordnung es vorgesehen, ein Elterngespräch durchzuführen.

Jetzt saß der Vater vor ihr, in seinen Augen ebenso eine Sehnsucht wie in denen seines Sohnes. Das bedrückte sie ein wenig.

Sie änderte ihre Sitzposition, beugte sich vor, legte die Unterarme auf die Oberschenkel und holte tief Luft.

»Herr Gruber, wie gedenken Sie, sich dieser Sache annehmen zu wollen?« Becky wollte ein Vertrauensverhältnis schaffen, wollte zu ihm durchdringen. Hoffentlich nahm er keine Drogen, so abwesend wie er zu sein schien.

***

»Welcher Sache?« Leider musste er wieder den Blick heben, sich von dem himmlischen Busen lösen. Seine Fantasie dieser Vorstellung berauben.

»So kommen wir einfach nicht weiter! Ich versuche wirklich, Verständnis für Sie und Jordan aufzubringen! Aber Sie machen es mir nicht einfach. Sie müssen ganz dringend mit ihrem Sohn sprechen. Verliebtheit ist keine Schande, aber er muss sich in den Griff bekommen. Er kann nicht jeden Jungen, der Melissa anschaut, verprügeln wollen!« Sie hatte ihre Stimme beschwörend erhoben.

»Ähm ... also, ja, na gut.« Seit wann konnte er keinen vernünftigen Satz mehr sprechen?

»Es würde ihm sicherlich viel bedeuten, wenn Sie mit ihm sprechen.« Er starrte, während sie ihm ins Gewissen redete, ständig auf ihre geschmeidigen dunkelrosa Lippen.

Sie hatte einen schönen Mund. Etwas zu breit für ihr schmales Gesicht, aber wer würde sich schon über einen großen Mund bei einer Frau beschweren?

Großer Busen, bestimmt weich und einladend, großer Mund, warm und feucht. Um ihn war es geschehen. Seine Fantasie übermannte ihn.

***

»Herr Gruber!« Sie musste unbedingt zu ihm durchdringen. Sie entschloss sich, ihn aus seiner Lethargie zu reißen, und fasste seine Hände. Oh, großer Fehler! Vor Schreck ließ sie die Hände wieder los. Fast so, als hätte sie sich an ihnen verbrannt. War der Stromschlag zu sehen gewesen? Wie von einem kleinen Kugelblitz wurde ihre Haut durchdrungen, raste dieser Stromschlag durch ihre Blutbahn und brachte deren Inhalt Zentimeter für Zentimeter zum Kochen.

Was doch eigentlich nicht sein konnte. Seit Jahren hatte sie kein derartiges Erlebnis mehr gehabt. Ihre letzte Beziehung war angeblich an ihr gescheitert. Ihre damaliger Freund hatte ihr vorgeworfen, wie prüde sie doch wäre. Zimperlich, verklemmt, wie eine alte Jungfer. Das hatte sie so sehr verletzt, dass sie bisher keine normale Beziehung mehr hatte eingehen können. Sie gönnte sich nicht einmal eine Plänkelei mit einem Kollegen. Warum also mit ihm?

Sie räusperte sich kurz.

»Ich bitte Sie noch mal eindringlich, sprechen Sie mit Ihrem ...« Weiter kam sie nicht. Er hatte sich nach vorn gebeugt und sie mitten auf ihren Mund geküsst.

Vor Schreck blieb ihr die Luft weg und sie wich zurück. Fasste mit ihren Fingern an ihre Lippen.

»Was tun Sie da?« Sie lehnte auf dem Stuhl und starrte ihn aus verwirrten Augen an.

»Ich musste testen, ob du echt bist!«

»Wie bitte?« Becky wusste einfach nicht, wie sie sich verhalten sollte. Die kurze Berührung ihrer Lippen war elektrisierend gewesen. Berauschend. Erregend.

Sie war einfach nicht in der Lage, zu reagieren.

Herr Gruber kniete sich vor sie.

Becky war geschockt. Was ging hier vor?

»Was soll das?«, hauchte sie völlig erschüttert.

Dieser Mann wagte sich Sachen, die sie bisher keinem einzigen gestattet hatte.

Sie wusste einfach nicht, wie sie reagieren sollte. Er legte seine großen, kräftigen Hände auf ihre Oberschenkel und streichelte sie durch den Rock. Erhitzte Striemen bildeten sich dort, wo er sie fest drückte und sich konstant weiter nach oben arbeitete.

Immer wieder starrte sie auf seine Hände, dann auf sein Gesicht, wieder auf seine Hände und konnte sich keinen Reim darauf machen, wie sie aus dieser Situation herauskam.

Er berührte sie, strich über ihre Schenkel, drückte den Stoff so fest auf ihre Haut, dass sie das Gefühl hatte, er verschmölze mit ihr. Versank in ihrem Fleisch. Sie schnappte entsetzt nach Luft. Sie sollte sich panisch von ihm befreien, sie sollte nach Hilfe rufen und ihn nicht fasziniert beobachten, wie er an ihren Beinen weiter nach oben strich.

»Wie ist dein Name?«

»Ich ... Ich verstehe nicht ...«, stammelte sie. War sie denn von allen guten Geistern verlassen? Dieser Mann wollte sie verführen. Hier in ihrem Klassenzimmer, in der Schule, in der sie arbeitet. Das ging doch nicht.

»Dein Vorname, wie nennt dich dein Freund?«

Schnappatmung setzte bei ihr ein, denn in dem Moment kroch seine Hand an der Außenseite ihres Schenkels nach oben.

»Freund? Welcher Freund?« Damit hatte sie mehr von sich preisgegeben, als gut für sie war.

»Hm, das hat so einige Vorteile!« Ganz langsam schob er mit einer Hand ihren langen Rock nach oben, von den Knöcheln über die Waden zu den Knien. Erschrocken hielt sie ihn auf.

»Das geht nicht! Was machen Sie da?« Ihr war schon klar, was er da machte, nur wollte sie es sich nicht eingestehen. »Ich muss Sie auffordern, das zu lassen!« Doch leider hörte sich ihre Stimme überhaupt nicht mehr überzeugend an. Die kleinen atemlosen Seufzer waren nicht förderlich, wenn man respektabel erscheinen wollte.

»Sicher?« Welch freche, provokante Frage!

»Ich denke schon.« Sie rutschte auf dem Stuhl nach hinten. »Bitte, das geht nicht!«

»Warum? Wir fühlen beide, dass das hier sein muss.«

»Ich ... Oh mein Gott ...« Er hatte ihre intimste Stelle berührt. Noch mal versuchte sie, die strenge Lehrerin hervorzukehren, aus der Tiefe ihres schon seltsam glühenden Leibes. »Herr Gruber, Sie verwechseln hier etwas. Es geht hier ...« Ja, um was ging es eigentlich? Wann hatte sie den Faden und die Kontrolle über diese Situation verloren?

Wenn sie ehrlich war, schon als er in der Tür gestanden hatte. Schon zu diesem Zeitpunkt hatte sie seine erotische Aura, seine bezwingende Art erkannt. Ein Mann, der wusste, wie er auf Frauen wirkte.

Aber dass er so weit gehen würde. Ah, er tat es gerade wieder, vorsichtig und behutsam strich er, fast wie zufällig, über ihr Schambein. Noch immer war sie entsetzt, welche Freiheiten er sich erlaubte. Wie kam ein ihr völlig unbekannter Mann dazu, sie so zu berühren? Wie konnte er davon ausgehen, dass sie es ihm durchgehen ließ? Geschweige denn, dass es ihr sogar gefiel?

Herr Gruber war für heute ihr letzter Termin, sie hatte auch die Aufgabe, heute den Klassenraum und das Haupteingangstor abzuschließen, theoretisch waren sie ungestört. Nur wollte sie ihm das auf keinen Fall sagen.

»Hören Sie, wenn jemand kommt. Was sollen die Leute denken?« Sie mochte seine Berührungen, sie waren bestimmend, jedoch auch zärtlich und lockend.

Doch durfte sie sich so gehen lassen? Was, wenn er sie damit unter Druck setzte? Sie in der Hand hatte, um für seinen Sohn bessere Noten zu erpressen? Wie sollte sie das hier einschätzen?

***

»Ich kann das nicht!« Frau Müller unternahm einen halbherzigen Versuch, die Sache doch zu beenden. Er war wirklich nur halbherzig, denn als Jason seine Finger unter ihrem Rock wieder bewegte, die Innenseiten ihrer Schenkel sacht liebkoste, öffnete sie wie von selbst weiter ihre Beine und rutschte auf dem Stuhl nach vorn. Damit er besseren Zugang zu ihrer reichlich feuchten, nach Erregung duftenden Weiblichkeit hatte. Gott, sie benahm sich schamlos.

Als sie vor Wonne den Kopf nach hinten sinken ließ, ihm damit ihren Hals und Busen aufs Köstlichste präsentierte – gab es kein Halten mehr.

Mit zwei Fingern erforschte er immer weiter die weichen Falten und feuchte Höhle ihres Körpers. Er hob sich leicht an, küsste mit unendlicher Erleichterung und gieriger Dringlichkeit ihren Hals und ihr Dekolleté. Mit der Zunge tanzte er über ihre Haut, hinterließ feuchte Spuren und knabberte an so manch verruchter Körperstelle. Jason war berauscht. Berauscht von ihrer Haut, von ihrer Feuchtigkeit und Erregung.

Immer wieder schob er seinen Finger in sie. Spielte mit ihr, berührte mit seinem Daumen in kleinen kreisenden Bewegungen ihre dick herausragende Knospe.

Ihr Hintern hob sich leicht vom Stuhl. Er wollte sie überall berühren. Er wollte ihre nackte Haut unter seinen Fingern fühlen. Wollte sein Gesicht an ihren Busen drücken, mit der Zunge ihre Erregung schmecken.

Eigentlich war ihm bewusst, dass das, was sie hier taten, Wahnsinn war. Aber es war ihm tatsächlich egal. So ausgehungert und nur auf ihre Reize fixiert, wollte er um jeden Preis diese Frau.

Ja, sie hatte versucht, ihn ein oder zwei Mal abzuweisen, aber so wirklich konsequent war das nicht gewesen. Und wie willig sie ihm entgegenkam. Wie feucht ihre Muschi ihn begrüßte. Sie war einfach umwerfend. Mittlerweile hatte er den Rock vollends nach oben geschoben, hatte somit den besten Ausblick, den ein Mann sich wünschen konnte.

Zwischen ihren weit geöffneten Schenkeln konnte er ihre feuchte rosa Spalte sehen. Ihre Schamlippen waren geschwollen und dunkel, ihr Kitzler stand wie ein kleiner aufrechter Zinnsoldat umringt von den feuchten Lippen.

Dieses Mal war er es, der nach Luft schnappte. So einen fantastischen Anblick hatte er schon lange nicht mehr gehabt. Sie war außergewöhnlich. Ihre Scheide war frei von Haaren, nur oben auf dem Schambein markierte ein winziger Irokesenstreifen den Weg zum Paradies. Erst jetzt wurde ihm bewusst, dass er ihr überhaupt keinen Slip ausgezogen oder beiseitegeschoben hatte.

So ein kleines geiles Luder.

***

Sie hatte bemerkt, dass er sie für einige Augenblicke nicht weiter stimuliert hatte.

Den Kopf wieder leicht gehoben und den Blick auf ihn gerichtet, sah sie, was er sich gerade anschaute.

Vor Peinlichkeit holte sie zittrig Luft, wollte ihre Blöße

mit den Händen bedecken, war sich ihrer eigenen lustvollen Erregung bewusst. Als sie sie auf ihre Scham legte, konnte sie ihre Feuchtigkeit an den Fingern fühlen. »Oh mein Gott!«, war alles, was ihr dazu einfiel.

»So würde ich es auch bezeichnen!« Unverwandt starrte er auf ihre Spalte. Verdattert schaute sie ihn dabei an, ihre Beine wollte sie indessen wieder schließen. Aber sein breiter, kraftvoller Oberkörper verhindert das.

So wie sie vor ihm lag, was sie ihm alles darbot – sie wollte sich in Grund und Boden schämen. Wollte, dass er aufhörte, wollte ihren Rock richten, wollte, dass er ging.

Wollte sie das wirklich?

Denn als er seinen Kopf zu ihrem Unterleib beugte, wie er ihre Beine noch weiter spreizte, eins auf dem Schreibpult platzierte, das andere über seine Schulter legte, hob sie ihm, ohne darüber nachzudenken, ihren Unterleib entgegen.

Und er? Er senkte langsam und bedächtig den Kopf und legte seine Lippen genau auf die Stellen, die diese Berührung am meisten herbeisehnten.

Sie träumte, eindeutig, anders konnte sie sich ihr Verhalten und ihre delikate Stellung nicht erklären. Bis vor einer halben Stunde hatte sie nicht mit so einem Ausgang des Gespräches gerechnet. Er legte seine Lippen auf ihre Ritze und drückte seine Zunge auf ihren Kitzler.

Ein sündiger Kuss.

Beide waren so in diesem Augenblick gefangen, dass sie unwillkürlich die Luft anhielten.

Kurz verstärkte er den Druck mit seiner Zunge und Becky konnte nicht anders. Sie presste mit ihrem Unterleib gegen seine wollüstigen Lippen. Gleichzeitig floss durch ihren Schoß ein Strom heißer Lava, die sich an dieser Stelle sammelte. Sie konnte sich nur hilflos ihrer Leidenschaft und seinen Küssen hingeben. Dann spannten sich ihre inneren Muskeln an, sie war so nah an der Erfüllung, dass sie leise wimmerte.

Er schien zu spüren, wie es um sie bestellt war, denn plötzlich löste er seine Lippen von ihr, richtete sich auf, zog sie vom Stuhl. Sie schwankte, da ihre Knie absolut nicht standhaft waren. Ihr Atem ging unregelmäßig und ihr großer Busen wiegte dabei schwer von oben nach unten. Wie er sich suchend im Raum umschaute und leise seinen Unwillen von sich gab, ließ sie erneut zittrig nach Luft schnappen.

Becky war immer noch zu sehr in ihrer unerfüllten Gier gefangen, sodass sie zu keinem Widerstand fähig war.

Ihm schien nichts recht zu sein. Letztendlich dirigierte er sie zur Tafel. Drehte sie mit dem Gesicht so, dass sie mit dem Rücken zu ihm stand. Er hob ihren heruntergerutschten Rock hoch, drückte sie leicht an die Schreibfläche, spreizte ihre Beine wieder. Sie hörte, wie er seinen Hosenstall öffnete und sein Glied sich ungehalten an ihren Hintern drängte.

»Weißt du, was du mit mir anrichtest? Dein Name?« Seine Stimme so dicht an ihrem Ohr zu hören, ließ ihr kleine Schauer über die Brustspitzen fahren. Sofort richteten sie sich auf und drückten gegen ihren BH unter der Bluse. So wie sie es merkte, legte er auch gleich seine Hand auf eine Brust und zwickte leicht in den Nippeln.

»Rebecca – aber eigentlich Becky«, hauchte sie gegen die Tafel.

»Becky, das wird hier jetzt eine schnelle Nummer.« Er konnte vielleicht spüren, wie sie bemüht war, diese Sache überhaupt zu verarbeiten. »Ich würde dich gern wiedersehen, ich möchte so einiges ausprobieren.«

Becky wusste nicht wirklich, wovon er sprach. Es war ihr auch relativ egal, er sollte nur die innere Anspannung, die er erzeugt hatte, lösen. Sie wieder in einen normalen Zustand versetzen.

»Einverstanden?«

»Womit?« Ihr Tonfall wurde launisch und gereizt. Was ihn zu einem leisen Lachen zu veranlassen schien, denn sein Brustkorb vibrierte an ihrem Rücken und sein Mund, der an ihrem Nacken lag, öffnete sich und seine Zähne drückten in ihre zarte Haut.

»Mit einem Date plus Fortsetzung!« Dabei strich er mit seinem harten Schwanz ihre Poritze auf und ab. Er fasste ihre Hände, die an der Tafel lagen, verschränkte die Finger mit ihren und begann mit seinem Glied, in die feuchteste Stelle zwischen ihren Beinen langsam in sie einzudringen.

»Ja, ja, mit allem ...« Im Grunde war ihr alles egal. Sie wollte ihn einfach nur in sich spüren, ihn ihre Leere ausfüllen lassen. Die aufgeputschten Gefühle in ihr wie Sternschnuppen erst zum intensiven Leuchten bringen und dann befriedigt löschen. In ihr steckte eine Leidenschaft, die sie so noch nicht erlebt hatte. Ohne sich über die Konsequenzen Gedanken machen zu wollen, streckte sie ihm ihren Po entgegen. Sein Schwanz an ihrer nassen Pussy machte sie nur noch leichtsinniger.

Er lehnte sich leicht auf ihren Rücken, liebkoste die zarte Haut an ihrem Hals, strich mit der Zunge darüber und flüsterte ihr neckische Aufforderungen ins Ohr.

Tiefe gutturale Töne verließen ihren Mund. Sie stöhnte jedes Mal, wenn er in sie eindrang. Seufzte, wenn er sich zurückzog. Passte sich seinem Rhythmus an und glitt in eine Wolke der Lust, die sie so bisher noch nie erlebt hatte. Bei jedem Stoß wippten ihre Brüste mit, seine Schwingungen brachten alles an ihr zum Beben. Bisher hatte sie die Bewegungen ihres Busens als störend und abtörnend empfunden, jetzt aber, bei seiner Berührung, löste es neue Empfindungen in ihr aus. Es verstärkte den heißen Druck in ihr noch weiter. Wenige Stöße später ließ er die eine Hand los, strich über ihre Brüste hinauf zu ihrer

Schulter, um den Träger nach unten zu ziehen, entblößte ihre schon sehr sensiblen Berge und drücke dieses Mal die Nippel direkt, wobei sie nur noch mehr japste. Streichelte weiter über ihren Bauch, hinab zu ihrem Venushügel und reizte mit seinen geschickten Fingern ihre Klitoris.

Das reichte und dieses Mal ließ er sie kommen. Krampfartige Bewegungen lösten Wellen der Lust in ihr aus, wobei sie kaum noch zu stehen vermochte. Mit beiden Armen umschlang er sie und kam wenige Sekunden später ebenfalls zum Höhepunkt.

***

Ihre sich zusammenziehenden Muskeln animierten seinen Penis, sich in ihr zu verströmen. Bei jedem Zucken drückte er sie an die Wandtafel, seinen Schaft tiefer in sie. Mit einer Hand umschloss er immer noch ihre Finger, die andere lag an ihrer Taille, stützte sie und presste sie fest an sich.

Sie blieben miteinander verbunden, standen dicht an dicht, wollten den Zauber nicht brechen.

Sanft strich er ihr die Haare aus dem Nacken, drückte seine Lippen darauf und musste gleich grinsen. So hatte er sich den Abend nicht vorgestellt, aber etwas Besseres hätte ihm nicht passieren können.

Er wollte mehr.

Langsam zog er sich zurück. In dem Augenblick drehte sie sich zu ihm um, starrte ihn an und in ihrem Blick konnte er mehr als nur Verwirrung lesen.

»Das ... Das ist sonst nicht ... So was mache ...«, stammelte sie hilflos vor sich her.

»Becky Müller, was hast du heute Abend noch so vor?« Er strich sanft über ihre Wange, näherte sich ihr wieder und küsste sie sanft auf den Mund.

Er enthob sie einer Antwort, denn der Kuss wurde stürmisch von ihr erwidert.

Bei dem Date ließen sie den Hauptgang gleich weg und kümmerten sich ausgiebig um das Dessert.

Von der Chefin verführt

Seit Alfredo klein gewesen war, hatte er unbedingt in einem Hotel arbeiten wollen, am liebsten im *La Palma del Sol* in Barletta. Seine Mutter hatte ihm stundenlange Moralpredigten gehalten, warum er sein Talent so verschwenden wollen würde. Er wäre doch zu Höherem erkoren worden.

Eine Verschwendung. Sie hatte gezetert und lamentiert. Leider war sie weiterhin auf taube Ohren gestoßen. Ihr Sohn, ihr Junge hatte mal etwas Großes werden sollen, Manager oder Vorstand in einer bedeutenden Firma. Und nicht seine Jugend und seine besten Jahre damit vergeuden sollen, anderen Leuten die Taschen und das Gepäck hinterherzutragen. Ihr Sohn hätte einmal ein angesehener reicher Wirtschaftsboss werden sollen. Ihr Sohn hätte sie später in einer Villa wohnen lassen sollen. Ihr Sohn ... Ach, sie hatte schon fast alle Hoffnungen aufgegeben. Jegliche Worte waren verschwendet gewesen. Sie hatte mit der Tapete an der Wand reden können, die hätte ihr vielleicht noch zugehört. Ärgerlich, wie all ihre Träume den Bach hinuntergeschwommen waren.

Alfredo saß in der Stube auf dem elegant gedeckten Sofa, mit bunten Kissen, kleinen zierlichen Deckchen und liebevoll drapierten Decken. Er mochte seine Mutter. Aber zurzeit nervte sie ihn furchtbar. Er war jetzt vierundzwanzig Jahre alt. Vierundzwanzig. Hatte eine Lehre als Mechaniker begonnen und abgebrochen, er hatte einfach nicht die Gabe, einen Dieselmotor zu zerlegen und wieder zusammenzubauen. Die Teile, die übrig geblieben waren, hatten zu guter Letzt noch eine Waschmaschine ergeben. Sein Onkel hatte ihn schlichtweg für talentlos gehalten. Schön, man konnte es nicht allen recht machen. Da war er dann siebzehn gewesen. Er hatte sich in seinem Bekannten- und Verwandtenkreis umgesehen, aber nur wenig inspirierende Einblicke für die Zukunft gefunden.

Sein Cousin mütterlicherseits hatte ihn unter seine Fittiche genommen und in das Geschäft der Bäckerei einweihen wollen. Nach drei Monaten war er entlassen worden. Mehlstauballergie. Alle Verwandten hatten nur entsetzt den Kopf geschüttelt. *Alfredo, Alfredo, was soll bloß aus dir werden?* War der beliebteste Satz auf Familienfeiern. Mehrere Angehörige hatten dann versucht, ihn in ihre jeweilige berufliche Richtung zu dirigieren. Meistens ohne nennenswerten Erfolg. So waren die Jahre vergangen und er musste sich ständig von seiner Mutter anhören, dass ihn eine Ausbildung immer noch weiterbringen würde. Zum Schluss war er bei Tante Sofia gelandet, die einen kleinen Lebensmittelladen führte, und da hatte er sich schon bedeutend wohler gefühlt. Der Kundenumgang war ihm wie von selbst von der Hand gegangen.

Nur hatte er schon damals eine gewisse Anziehung zu den großen, vornehmen Hotels am Stadtrand verspürt. Er hatte sich seine Faszination für sie nicht erklären können. Stundenlang hatte er in den Dünen gesessen und die Geschehnisse am Eingangsbereich und gleich um die Ecke am Pool sowie an der Bar beobachtet. Er hatte die vielen Menschen bewundert, die sich gelassen in den hoteleigenen Anlagen bewegt hatten. Ihn faszinierte ihre Souveränität. Er wollte nicht wie sie sein. Das lag ihm nicht. Aber er wollte einen Anteil daran haben. Und wenn er nur darin bestand, für sie zu arbeiten.

Still und heimlich hatte er vor zirka einer Woche eine Bewerbung abgegeben. Leider war eins der Zimmermädchen die Tochter von Mutters bester Freundin. Und somit war es nicht geheim geblieben. Leider.

Nun saß er hier an dem Kaffeetisch mit den etwas altmodischen Stühlen und musste sich ihre Schimpftiraden anhören. Wieder einmal.

Lieber würde er schon Bescheid wissen, ob er die Stelle im Hotel bekam. Ständig berührte er unauffällig sein Handy, nur um zu sehen, dass es an war, weil aufgrund des ausbleibenden Anrufs das Display nicht aufleuchtete. Frustration stieg in ihm auf.

Herrgott, ruf doch endlich jemand an, damit ich einen Grund habe, den Raum zu verlassen.

Seine Mutter lamentierte immer noch vor sich hin. Genervt verdrehte er die Augen, als sie sich kurz zur Kaffeekanne auf dem Beistelltisch beugte.

»Mutter, es ist Arbeit, sie wird gut bezahlt, ich kann mir sogar bald eine Wohnung leisten.«

»Pah, du bist dann ein Diener!«

»Mutter!«

»Na, was anderes ist es doch nicht!« Jetzt war sie es, die genervt die Augen verdrehte.

»Du siehst das vollkommen falsch!«

»Sehe ich das? Wohl kaum. Du willst nur die Reichen und Feinen bedienen. Was soll ich daran missverstehen? Du bist dann deren Diener.«

»Ich bin kein Diener! Ich bin eine Servicekraft. Entweder werde ich an der Rezeption oder auf den Etagen eingesetzt.« Er hielt ihr seine Kaffeetasse hin. »Das sind anerkannte Berufe. Selbst Emilia arbeitet dort.«

»Oh, du nimmst sie als Maßstab? Emilia ist eine Frau.«

Vor Schreck zog er die Tasse zurück. Seine Mutter, die im Einschenken war, goss die heiße Flüssigkeit über den Tassenrand als auch den Unterteller und auf die weiße Tischdecke.

»Alfredo!« Der missmutige Ausruf ließ ihn aufschnellen. Der Stuhl kippte nach hinten und, als ob das noch nicht reichte, zog er aus Versehen den zarten Läufer mit sich. Das feine Porzellan klimperte leise, als es auf dem Hochflorteppich landete. Lauter wurde es, als zwei Teile kollidierten. Es fehlte eigentlich nur noch, dass seine Mutter in hysterisches Keifen überging.

Aber seltsamerweise blieb sie ruhig und starrte ihn vorwurfsvoll an. Alfredo blickte auf die Kaffeetassen und dann zu seiner Mutter. Sie kniff wütend die Augen zusammen. Zeigte mit ihren knallrot lackierten Fingern auf das Porzellan.

»Wenn du für andere solche Arbeiten machen willst, dann fange bei deiner Mutter damit an!«

Oh Shit, das hatte er nicht erwartet. Er wusste, dass sie seltsam darauf reagieren würde, aber so?

***

Der so sehr herbeigesehnte Anruf folgte dann doch umgehend.

»Alfredo Mazzani?«

»Ja, am Apparat.«

»Ich rufe wegen Ihrer Bewerbung in unserem Haus an.« Vor Freude wollte Alfredo fast in das Telefon jubeln, hielt sich aber nur den Mund zu und versuchte, gleichmäßig weiterzuatmen.

»Hallo? Sind Sie noch da?« Jetzt schnappte er doch laut nach Luft.

»Ja.« Etwas lauter als geplant, verließ das Wort seinen Mund. Verlegen räusperte er sich. »Ja, bin ich. Ich bin nur gerade sehr glücklich über diesen Anruf.« Sofort schlug er sich mit der Hand an die Stirn. Welcher Mann gab schon zu, über einen solchen Anruf happy zu sein? Er ließ die Handfläche über das Gesicht gleiten. Gott, wie doof konnte man sein?

»Herr Mazzani, das ist doch ehrlich und es freut mich, Ihnen mitteilen zu können, dass uns Ihre Bewerbung sehr gefallen hat. Sie können, wenn es Ihnen möglich ist, am Montag anfangen.«

Sehr souverän und gelassen sprach die weibliche Stimme am anderen Ende der Leitung über sein Leben, über seinen glücklichsten Moment hier auf dieser Erde. Endlich hatten sich die langen Stunden in der Abendschule gelohnt. Dass er dazu sein Fernstudium mit einem *Sehr gut* abgeschlossen hatte, mit Tourismusmanagement als Schwerpunkt, war sicherlich ausschlaggebend gewesen. Dank Tante Sofia, die ihm reichlich Zeit dafür eingeräumt und jahrelang von seinem neu erworbenen Wissen profitiert hatte, war er seinem Traum einen ganzen Schritt näher gekommen.

Ja, das gefiel ihm. So wollte auch er werden. So stellte er es sich vor, wie er in diesem Hotel arbeitete und mit anderen Menschen sprach oder Anweisungen gab. Lässig, cool und über der Sache stehend.

***

Seit nun vier Wochen freute er sich, jeden Tag aufzustehen. Sein Leben hatte endlich den Sinn erhalten, nach dem er jahrelang gesucht hatte.

Die nette Dame von der Personalabteilung hatte ihn an besagtem Montag empfangen, ihn in seine Aufgabenbereiche eingewiesen und ihm erklärt, dass er je nach Bedarf und in jedem Bereich eingesetzt werden würde, da er sozusagen das Mädchen für alles sein würde. Genauso hatte sie es natürlich nicht ausgedrückt, aber es kam der Beschreibung nahe. So hatte er in den letzten vier Wochen jeglichen Bereich erkunden dürfen, war stunden- oder tageweise dort eingesetzt und intensiv angelernt worden.

Es war für ihn wie ein Traum. Endlich konnte er das verwirklichen, wovon er schon so lange geträumt hatte. Souverän ging er mit den Kunden um. Am liebsten arbeitete er natürlich in dem Bereich, in dem er seinen Abschluss gemacht hatte, wo es um die Organisation von Veranstaltungen ging und Routen geplant, Ausflüge gebucht wurden, wo er sich voll entfalten konnte.

Alle seine Kollegen und Vorgesetzten waren voll des Lobes für ihn und bedauerten es, ihn dann an eine andere Abteilung abgeben zu müssen. Aber so war das nun mal, alles von der Pike auf zu lernen, das wollte er.

Endlich hatte er sein Ziel erreicht.

Jeden Tag ging er mit vor Stolz geschwellter Brust und aufrechtem Gang von seiner Wohnung zur Arbeit. Sobald er den Arbeitsvertrag in der Tasche gehabt hatte, war es seine erste Aktivität gewesen, den Wohnungsmarkt abzusuchen, und zu seinem Glück hatte er ein richtiges Schmuckstück gefunden.

Auch wenn seine Mutter ihn nicht mehr als vollwertig ansah. Er war rundum zufrieden.

Fast zumindest.

Es gab nur einen kleinen Wermutstropfen an der ganzen Sache. Die superscharfe Braut an der Rezeption war der Hammer. Den Körper einer Madonna, das Gesicht einer Heiligen und die Ausstrahlung einer Nymphe. Aber sie bemerkte ihn nicht einmal, selbst wenn er mit ihr sprach. Und er hatte nichts Sinnvolleres zu tun, als sie hemmungslos anzuschmachten. Wie ein Gockel spazierte er möglichst oft durch die Halle. Manchmal kam er sich danach echt blöd vor. Aber er wollte unbedingt, dass sie ihn bemerkte. Er fand sie einfach nur geil.

Wie sie in dem teuren, maßgeschneiderten Kostüm hinter dem Tresen stand, die Haare als wallende Mähne über die Schultern drapiert, ließ sie fast unnahbar erscheinen. Mit ihrem gekonnt aufgetragenen Make-up erstrahlte sie wie ein Model auf den Hochglanzbroschüren. Sie machte ihn heiß. Dass er nicht der Einzige war, der von ihr magisch angezogen wurde, wurde ihm jedes Mal schmerzlich bewusst, wenn er die anderen Männer beobachtete, wie sie sie förmlich mit ihren Blicken auszogen. Die Eifersucht zerfraß sein Innerstes. Es war einfach nur schrecklich.

Alfredo war sich bewusst, dass auch er als ein gut aussehender Mann galt. Seine dunklen Haare trug er mit Gel an den Kopf gelegt, einen Bart durfte er nicht stehen lassen (hotelinterne Anweisung), so wirkte er etwas jünger. Eine hochgewachsene Gestalt, breite Schultern und eine schmale Taille, kräftige Oberschenkel und einen kernigen Apfelpo rundeten seinen männlichen Anblick ab. Diese guten Gene verdankte er seinem Vater. Der war auch ein so ansehnlicher Frauenschwarm.

Warum sein Aussehen aber nicht bei ihr – Isabella Marojie – wirkte, blieb ihm ein Rätsel. Vorerst.

So nutzte er seine freien Minuten, sich in Tagträumen an ihr zu vergehen. Ihren Körper zu erkunden, sich in sie zu versenken. Hier konnte er seiner Fantasie freien Lauf lassen. Er wollte sie – egal, wie. Freiwillig, gefesselt, bereitwillig, gezwungen. Es machte ihn wuschig, sie immer nur ansehen zu können. Manchmal stellte er sich hinter eine große Säule, kniff ein Auge zusammen und zeichnete mit den Händen ihre verlockenden Kurven nach. Schleunigst musste er sich dann aber zurückziehen, sonst hätte seine Geilheit ihn dazu gebracht, sie über den Tisch zu ziehen und mitten in der Hotelhalle zu nehmen. Sein Schwanz drückte und drängte dann gegen seine Hose.

Nach der Arbeit duschte er häufig gleich im Hotel, einfach weil es vom Arbeitgeber angeboten wurde und um sich kalt abzuspülen, wenn seine Gedanken wieder zu heiß geworden waren.

Zum Glück nahmen die anderen Kollegen dieses Angebot nicht so oft an. Er aber nutzte die Gelegenheit und ließ seinen sexuellen Frust gleich mit hier.

Manchmal brauchte er sich nur vorzustellen, wie sie mit ihrem extrem erotischen Hüftschwung in die Männerdusche tänzelte, schon kam es ihm und er ergoss seinen Samen auf die

Fliesen. Jedes Mal sah er ihm verbissen hinterher. So als könnte er etwas dafür, dass er auf den nassen Boden klatschte, anstatt die feuchte Höhle einer Frau zu berühren. Schon wieder wurde er hart. Wenn das so weiterging, musste er sich versetzen lassen. Was ihm gar nicht gefiel. Denn dann würde er sie nicht mehr sehen. Verflixter Teufelskreis. Mist ... Und erneut wurde sein Schwanz dicker, größer, fester. Er presste beide Hände an die Wand der Dusche und beugte sich leicht nach vorne. Wie von selbst schloss er dabei die Augen, drückte sie fest aufeinander und versuchte verzweifelt, sich Isabella nicht nackt und ihren wundervollen Körper an ihn schmiegend vorzustellen. Schon dass er genau das versuchte, brachte wenig Erfolg. Hilflos spürte er, wie sein verräterischer Schaft vor ungestillter Lust zuckte. Leicht bewegte er seinen Unterleib hin und her, imitierte die schönste Sache der Welt. Wie um alles in der Welt sollte er davon loskommen?

Ohne Vorwarnung lief plötzlich eiskaltes Wasser über seinen Kopf, seine Schultern und seinen Rücken. Ruckartig zuckte er zurück, nur um festzustellen, dass er alleine in der Gemeinschaftsdusche stand und wahrscheinlich der Warmwasserboiler aufgebraucht war.

Seine vorherige Frage hatte sich somit vorläufig erledigt. Auf den Schreck hin hing sein Schwanz klein und zusammengeschrumpelt an seinem Körper. Resigniert wischte er sich mit der Hand über sein Gesicht.

Das würde noch eine anstrengende Zeit.

***

Ein halbes Jahr später.

»Alfredo!«

»Si, Signora.« Er folgte seiner Chefin in den Aufenthaltsraum, hier machten gerade drei weitere Kollegen Pause. Hoben den Blick und unterbrachen ihre Gespräche.

»Alfredo, mein Bester. Wir haben ein klitzekleines Problem. Ich habe wirklich alle Möglichkeiten ausgelotet ...« Die Stimmlage seiner Abteilungschefin beunruhigte ihn. Bei diesen Worten schlang er erst einen Arm um ihre Schultern – »Oh mio caro!« –, dann den anderen um die molligen Hüften der älteren Frau und tänzelte mit ihr im Kreis.

»Frau Riccardini, für Sie mache ich doch alles möglich!« In dem Raum gab es zwei Tische mit jeweils vier Stühlen, mehrere Sideboards, auf denen Kaffeemaschinen, Wasserkocher und Teller mit Häppchen standen. Eine große Pinnwand hing an der Wand neben der Tür, darauf waren Pläne, Termine und Erinnerungsbilder angeheftet.

»Du kleiner Schmeichler«, kicherte sie und nach einer weiteren Drehung löste sie sich von ihm.

»Aber, aber, Frau Riccardini – Sie Sonne meiner Arbeitstage.«

»Jetzt übertreibst du schon wieder!« Sie kniff ihm demonstrativ in die Seite. Alfredo jaulte kurz auf und sah seine Chefin vorwurfsvoll an. Diese hob den Finger und wedelte ihn hin und her.

»Alfredo, du musst die Sache ernster nehmen. Rebecca aus der Personalabteilung hat mich darüber informiert, dass du ab nächster Woche unsere Abteilung verlassen musst.« Schlagartig änderte sich die Stimmung im Raum. Ruhe, eher betretenes Schweigen, machte sich breit. Verlegen sahen sich seine Kolleginnen an und versuchten, nicht mit ihm in Blickkontakt zu treten.

»Frau Riccardini, aber warum? Gab es Beschwerden über mich?« Auch Alfredo war plötzlich völlig von der Rolle. Er erledigte gewissenhaft seine Aufgaben, war stets dienstbeflissen, übernahm separate Aufträge – kurz und gut, er war der Liebling dieser Abteilung. Nie hatte er Anlass für Ärger gegeben, deshalb kam diese Versetzung auch so überraschend und machte wenig Sinn.

»Aber nein, Alfredo, über dich doch nicht!«

Nachdenklich raufte er sich die Haare, was hatte das nun wieder zu bedeuten? Dass manche Anweisungen aus der Personalabteilung sehr willkürlich und ohne intelligenten Hintergrund wirkten, war sehr befremdlich, in so einem großen Unternehmen aber nicht ungewöhnlich. Auch wenn es hier recht familiär war, so war die Größe des Hotels mit hundertvierzig Zimmern nicht ganz ohne.

»Soll ich mal nachfragen?« Vorsichtig versuchte er, seine Gedankengänge wieder in normale Bahnen zu lenken.

»Ob das viel Sinn macht, bezweifle ich.« Seine Lieblingschefin im Bereich des Concierge wirkte verschnupft und deprimiert. Schwungvoll packte er sie mit beiden Händen und wirbelte sie einen halben Kreis um sich selbst.

»Ich denke, ich werde es einfach mal versuchen.« Damit drückte er ihr einen verspielten Kuss auf die Wange und ließ sie los, winkte ihr zu und machte sich auf den Weg zur Personalabteilung.

Im letzten halben Jahr hatte er zwar ständig an Isabella denken müssen, sie auch oft auf ihrer Position stehen gesehen, sich aber jeglichen Blickkontakt verkniffen. Nach drei Monaten hatte er endlich keinen Dauerständer mehr gehabt, wenn er nur an ihren Namen gedacht hatte. Er atmete tief durch und ging zielstrebig die Treppen hoch, den Lift ließ er aus, immerhin brauchte er noch einen Plan und den musste er vorformulieren. Stufe um Stufe formte er Sätze und versuchte, sich hinreichende Argumente zurechtzulegen, die es ihm ermöglichten, in seiner bisherigen Abteilung zu bleiben.

Beim Personalbüro angekommen, klopfte er mit frischem Mut und Selbstbewusstsein an die Tür. Ein halblautes *Herein* ließ ihn die Klinke nach unten drücken und die Tür aufziehen.

Der Schritt, mit dem er den Raum betrat, war eines Königs

würdig, so empfand er es zumindest. Erhaben, wie er es seit Monaten gelernt hatte, und durchweg gelassen, so viel Yoga und Meditation konnte kein Mensch jemals wieder im Leben nachholen. Er versuchte, eine innere Ruhe auszustrahlen, die er selbst nicht fühlte.

Souverän.

Um dann wie ein Depp über die kleine Stufe zu stolpern, die vor dem Schreibtisch eingebaut worden war, um den Damen einen gewissen Überblick zu verschaffen.

Nicht nur, dass er die Erhebung übersehen hatte, nein, der Schock, *sie* zu sehen, wie sie hinter dem Schreibtisch saß, brachte ihn aus seinem mentalen Gleichgewicht. So kippte, fiel und schlug er ohne jegliche Würde direkt vor ihren Füßen auf.

»Wir wissen Ihr Engagement zu schätzen, Alfredo.« Schon dass sie ihn mit Vornamen ansprach, entwurzelte seine Welt. Hilflos blieb er einen kurzen Moment liegen, wünschte sich nichts sehnlicher, als dass sich der Boden unter seinem Körper öffnen würde und er darin versank. Er wollte sich mit den Elementen verbinden. Unsichtbar werden. Unsichtbar für sie.

Als er doch den Mut fand, den Kopf zu heben, standen direkt vor seiner Nasenspitze ihre rot glänzenden Pumps. Keine Strumpfhose umschloss ihre Beine. Nur nackte Haut in diesen sündhaften Schuhen. Aufreizend bewegte sie ihre wohl geformten Füße in seine Richtung, schlug ein Bein über den Knöchel des anderen und gewährten ihm einen intensiveren Blick auf ihre Haut. Er hatte beinahe das Gefühl, sein Atem berührte sie schon. Unbewusst streckte er den Kopf, sein unbändiges Verlangen, diese Frau zu besitzen, schoss aus dem verborgensten Winkel direkt in seine Blutbahn.

Als wüsste sie, was ihn ihm vorging, zog sie ihre Beine wieder unter den Stuhl und klopfte oben auf den Tisch.

»Alfredo! Hier oben spielt die Musik!«

Der Fluch – oder war es eher ein Zauber? – verschwand, er richtete sich langsam auf. Was hatte er denn noch zu verlieren?

Als er aufrecht vor ihr stand, waren auch seine so schön zurechtgelegten Sätze aus seinem Gehirn hinweggefegt.

Mit großen, fassungslos geöffneten Augen starrte, nein, glotzte er sie an. Wie dämlich musste er aussehen. Sein Verstand begann langsam wieder, zu arbeiten.

***

Isabella hingegen räkelte sich kurz auf dem Sessel, dehnte sich, rollte provokativ die Schultern und musterte ihn von unten bis oben. Nachdem sie gemerkt hatte, dass er immer noch wie erstarrt vor ihrem Tisch stand, sackte sie kurz in sich zusammen und verdrehte genervt die Augen. Dieser Mann war ihr Prüfstein. Wie lange versuchte sie jetzt schon, auf sich aufmerksam zu machen? Sie hatte sich extra für ihn aufgestylt. Erledigte viele Anfragen persönlich in seiner Abteilung, nur um jedes Mal festzustellen, dass er entweder nicht vor Ort oder im Dienst der Kunden unterwegs war. Vor Monaten war es ihr endlich gelungen und was hatte er gemacht? Er ignorierte sie seitdem. Keine Ahnung, was sie ihm getan haben sollte. Aber sie hatte nur für kurze Zeit aufgegeben. Die Gerüchte über Affären bei ihm hielten sich in Grenzen. Sie hatte neuen Elan geschöpft und diesen Plan ersonnen, dessen Ausführung sie hier und heute durchführen wollte.

Nun schien er auch nicht so helle zu sein. Jetzt hätte er doch die Gelegenheit, nach ihrer Nummer zu fragen, immerhin waren sie auf der gesamten Etage mutterseelenallein. Schade, vielleicht sollte sie ihre Energien auf jemand anderen ausrichten. Trotz alledem war er doch ein richtiges Sahnebonbon. Vielleicht konnte sie wenigsten seine körperlichen Vorteile nutzen. Abwarten.

Sie gab ihrem Stuhl einen winzigen Schubs, rollte nach

hinten und überschlug demonstrativ die langen Beine. Innerlich beglückwünschte sie sich geradezu, den kurzen Rock gewählt zu haben. Bei dieser Bewegung konnte er fast bis zu ihrer Körpermitte blicken.

Wie zufällig berührten ihre Hände ihr knapp sitzendes Jackett. Sie öffnete, ohne ihn aus den Augen zu lassen, die zwei obersten Knöpfe. Ihre Fingerspitzen berührten die freigelegte Haut. Denn unter der Jacke trug sie nur einen BH. Ihre Kleiderwahl war heute Vorsehung gewesen. Nun, nicht ganz. Immerhin hatte sie seit zwei Wochen auf diesen Tag hingearbeitet. Pläne geändert. Mehrere Kolleginnen gebeten, mit ihr den Dienst zu tauschen, sie hatte seit letzter Woche den Schichtplan selbst geschrieben, bis sie endlich so weit gewesen war, diesen Freitag hier in der Personalabteilung ab Mittag alleine zu sein. Dann hatte sie Rebecca mit dieser kleinen, aber wichtigen Info versehen und anschließend gewartet. Lange hatte sie nicht ausharren müssen. Sie wusste, dass er es nicht hätte auf sich beruhen lassen. Immerhin war er innerhalb eines halben Jahres zum Star seiner Abteilung aufgestiegen. Nie hatte es auch nur eine Beschwerde oder irgendwas an seiner Arbeit auszusetzen gegeben. So korrekt und sorgfältig hatte sie ihn auch eingeschätzt. Gut aussehend und verlässlich – eine seltene Kombination. Sie hatte vom ersten Tag an gewusst, dass dieser Mann ihr gefährlich werden konnte. Sie aus der Bahn werfen konnte. Alleine sein Anblick erhitzte ständig ihr Blut. Und endlich, ja, endlich stand er zum Greifen und in Lebensgröße vor ihr. Dazu noch ganz allein.

Gut, zuerst hatte er vor ihr gelegen, was ihr noch besser gefallen hatte. Sie wollte nicht mehr darauf warten, dass er sie irgendwann wahrnahm. Ab jetzt war sie am Zug. Und diesen würde sie nun mit allem, was sie hatte, genießen.

Nachdem er sich endlich aufgerafft hatte und sie immer noch wie erstarrt ansah, musste sie handeln.

Den Beinüberschlag fand sie gelungen, hatte ihn einmal in dem Film *Basic Instinct* gesehen. Er schien tatsächlich zu wirken. Denn seine Augen wurden in diesem Moment noch größer, noch dunkler.

Aha, der Herr war also alles andere als abgeneigt.

Das Öffnen des Jacketts ging über das Gewagte hinaus. Das war eindeutig Provokation. Jetzt wartete sie auf Ergebnisse.

Er räusperte sich, ballte die Hände zu Fäusten und öffnete sie wieder. Das mehrmals hintereinander.

»Frau ...« Isabella richtete sich abrupt im Stuhl auf.

»Also wirklich, du hast mehr gesehen als andere hier. Warum dann so förmlich?« Dabei richtete sie sich weiter auf und öffnete den letzten Knopf ihrer Jacke. Hob ihre Hände an die Schultern, streifte lässig das störende Kleidungsstück nach hinten und ließ es über die Arme nach unten gleiten.

Ihr gefiel für einen kurzen Augenblick seine Fassungslosigkeit. Sie ging, ohne zu zögern, auf ihn zu, mit nichts weiter am Körper als ihrem BH und dem Rock. Ja, auch die Pumps, aber die zählten nicht. Sie machten sie nur noch schärfer.

Nach zwei Schritten stand sie ihm gegenüber. Immer noch hatte er kein intelligentes Wort von sich gegeben.

»Alfredo ... Ich warte hier schon seit zirka zwei Stunden darauf, dass du dich beschweren kommst.« Ihre Finger fuhren von seinen Schultern hinab, über die Ellenbogen, die kräftigen Unterarme zu den Händen. Dort verharrte sie einen Augenblick, um sich dann wieder nach oben zu arbeiten, allerdings dieses Mal mit den Handflächen. Sie konnte nicht anders. Sinnlich schloss sie dabei die Augen. Inhalierte seinen Duft aus Zedernholz, Bergamotte und Mann. Sein Geruch machte sie wuschig. Leise stöhnte sie, als sie wieder bei den Schultern angekommen war und ihren Körper an seinen presste.

Genau diesen Moment wählte Alfredo, um wieder zu sich zu kommen. »Himmel und Doria! Frau Marojie!« Isabella hatte den Kopf gehoben und öffnete die Augen.

Sie konnte sehen, wie er angestrengt schluckte. »Isabella!« Seine dunkle, und ja, vor Lust und Gier raue Stimme vibrierte in ihr nach.

Isabella schmiegte sich enger an seinen festen, wohl geformten Körper. Sie antwortete mit einem höchst schnurrenden *Hmm* und ließ ihre Hände wieder auf Wanderschaft gehen. Dieses Mal aber über seine Schultern, entlang der Schulterblätter, der Rückenpartie und dann hinab zu seinem festen, knackigen Hintern. Als sie diesen in den Händen hielt, drückte sie ihren Unterleib gegen seinen.

***

In Alfredos Kopf kreisten die Gedanken. Nein, das war noch verharmlost. In einem wilden Wirrwarr schwärmten sie hin und her. Ohne auf Zusammenhänge und logische Verbindungen zu achten.

Seit einem halben Jahr lechzte er nach dieser Frau und jetzt auf einmal sollte alles so einfach sein? Sie warf sich ihm regelrecht in die Arme! Was zum Teufel sollte er jetzt machen? Wie sich verhalten? War das ein Test? Sollte er auf seine Qualifikation getestet werden, den weiblichen Gästen ihre amourösen Anträge abzuschlagen? Oder war das genaue Gegenteil der Fall? Dann natürlich musste über das Gehalt neu verhandelt werden.

Halt, wohin gingen seine Gedanken?

Diese heiße Wahnsinnsbraut schmiegte sich an seinen Körper und er dachte über Geld nach? Oha, sollte er da angekommen sein, wo er hinwollte?

Als ihre Hände auf seinem Po lagen und sie aufreizend ihr Becken an seine immer fester werdende Stelle am Körper drückte, entglitt ihm dieser Gedanke völlig.

Nur noch mit sexueller Leidenschaft erfüllt, hob er seine Arme, umschloss mit seinen großen Händen ihr Gesicht und schaute ihr tief in die Augen. Ohne auch nur noch ein Wort zu sagen, wanderte sein Blick über ihren Wangenknochen zu ihrem Ohrläppchen. Dann weiter zu ihrer Kinnlinie, bis er auf den sinnlich geschwungenen Lippen anhielt.

Ihren Kopf fest in seinen Händen, senkte er seinen und drückte seine Lippen auf die ihren.

Endlich.

Endlich wurde sein derzeit größter Traum wahr. Ihre Lippen, ihr Mund berührte seinen. Weich und einladend kam sie ihm entgegen. Vorsichtig betastet er mit seiner Zunge ihre Mundwinkel, strichen über die etwas vollere Unterlippe, umschloss sie mit seinen und zog sanft an ihr. Voller Gefühl genoss er ihr feuchtes Fleisch. Sehnsüchtig erhoffte er sich, dass sie jetzt keinen Rückzieher machen würde.

Wie im Rausch fuhren seine Hände über ihren Körper, sein Mund hielt immer noch ihre Lippe gefangen. Damit sie gar nicht erst auf die Idee kam, sich anders zu entscheiden.

***

Sah sie einen Hauch von Zweifel auf seinem Gesicht? Den brauchte er nicht zu haben. Sie war willig. Endlich erfüllte sich ihre dringlichste Sehnsucht. Schon allein das, was er mit ihren Lippen machte, ließ ihre Knie weich werden. Sie schmolz regelrecht in seinen Armen. Irgendwie schafften es seine Hände, genau die richtigen Punkte zu berühren, nur um ihr Innerstes noch weiter anzuheizen. Ihre Haut glühte.

Dass schon sein Aussehen sie in wohlige Schwingungen versetzte, wusste sie, aber mit dieser Intensität, die seine Berührungen auslöste, erschauderte sie nochmals an seinem Körper.

Leichte seufzende Geräusche schlichen sich aus ihrem Mund. Sie brauchte dringend mehr.

Wie von selbst glitten ihre Hände von seinem Hintern zum T-Shirt-Bund. Sie zog es aus der Hose und begierig schob sie ihre schlanken Finger unter den Stoff auf seine nackte, bloße Haut.

Heiß, unglaublich heiß fühlte er sich an. Das bestätigte ihre Vermutung. So ein Mann konnte nichts anderes sein als heiß, absolut scharf.

Seine glatte Haut fühlte sich nach Mehr an, sie wollte ihre körperliche Hitze an ihn weitergeben. Sie musste sich an ihn pressen, wollte ihn spüren, seine Gegenwart wahrnehmen, damit sie sich endlich sicher sein konnte, nicht zu träumen.

Wie konnte ein Mann solche extremen Gefühle in ihr auslösen? Und dann ausgerechnet er? Wie er damals aufgeregt und voller Elan zu seinem ersten Arbeitstag erschienen war, er sich mit staunenden Augen in der Empfangshalle umgesehen hatte. Sie glaubte nicht, dass er sie damals schon entdeckt hatte. Aber sie war augenblicklich von ihn hingerissen gewesen. Dass sie beide so lange für das hier gebraucht hatten, darüber musste sie jetzt nicht nachdenken.

Jetzt wollte sie einfach nur fühlen, besessen werden und dabei herrlich laut stöhnen.

Oh ja, sie war für alles bereit.

Seine Lippe war wie festgenagelt an der ihren. Durch diese Haltung war sie gezwungen, sich die ganze Zeit zu strecken und ihr Körper nahm dadurch seine Berührungen umso intensiver auf. Sie wusste nicht, was sie zuerst machen sollte. Ihn küssen, ihn streicheln, ihn bumsen, am besten alles auf einmal!

Schon allein dieser Gedanke brachte sie zum Stöhnen. Ihre Hände blieben nicht untätig. Während sie sie unter seinem T-Shirt weiter nach oben und unten wandern ließ, fanden sie Stellen, an denen er bei ihrer Berührung scharf die Luft einsog. Sie war begeistert. Gleich darauf animierte sie ihn, endlich das lästige Ding auszuziehen. Leider musste er dabei ihre Lippen freigeben. Aber sie wurde belohnt, der Anblick seines Oberkörpers versetzte sie in ein Hochgefühl von Glück. Leicht gebräunte, glatte Haut. Kein Härchen trübte den Blick auf seine perfekte Männerbrust. Ab dem Bauchnabel fing ein kleiner dunkler Strich an, keine aufwirbelnden Härchen, nein, gepflegt kurz gehalten, lief der Strich zum Hosenbund und verschwand darunter. Neugierig verfolgten ihre Finger diese Spur. Seine Bauchmuskulatur zuckte bei jeder ihrer Berührungen. Fasziniert betrachtete sie, wie sie es schaffte, ihn dazu zu bringen. Am Hosenbund angekommen, streifte sie mit den Fingern über den Rand, schlüpfte mit ihnen unter den Stoff, nur um festzustellen, dass sie dabei direkt wieder auf Haut traf. Er schien keine Unterhose zu tragen. Sie hob den Kopf und schaute ihm wissend und leicht provokativ in die Augen.

Gerade wollte sie ihn scherzhaft fragen, ob das extra für war. Doch so weit kam sie gar nicht erst. Mit einem knurrenden Seufzer nahm er ihren Mund in Besitz. Seine Lippen ihren schon geöffneten Mund und seine Zunge drang sofort in ihre heiße Mundhöhle ein. Er berührte ihren Gaumen, das löste ein Kribbeln in ihr aus, welches ihre Beine in Pudding verwandelte. Krampfhaft versuchte sie, an ihm Halt zu bekommen.

Isabella fand ihn einfach nur göttlich. Während er ihren Mund aufs Herrlichste erkundete, plünderte, ihr den Atem raubte, streichelten seine Finger ihren Körper. Er benutzte nicht die ganze Hand, nein, zart mit den Fingerspitzen strich er über ihre Haut und machte sie dadurch nur noch empfänglicher für seine hocherotischen, kleinen Berührungen.

Seine Erkundungsreise hatte er auf dem Rücken begonnen, sie weiter über jede empfindliche Stelle zwischen Schulter und Hüfte geführt. Jetzt umrundete er ihren Rock und suchte nach einer Möglichkeit, ihn zu öffnen. Sie wollte ihm den Weg zeigen, da fing er ihre Hände ab und legte sie sich auf den Brustkorb.

Gut, also musste er diese Aufgabe allein bewältigen.

Auch nicht schlecht, sie fand das sogar ziemlich antörnend.

Seine Finger umkreisten ihren Rockbund. Zentimeter für Zentimeter tasteten sie sich suchend nach dem kleinen Haken und dem darunter beginnenden Reißverschluss vor. Diese Vorgehensweise machte sie ganz hibbelig. Ihre Hüften zuckten unbewusst in kleinen kreisenden Bewegungen. Es war kaum auszuhalten. Was machte er nur mit ihr? Den Gedanken noch nicht fertig gedacht, rutschte wie durch Zauberei, denn sie konnte nicht feststellen, wann er ihn geöffnet hatte, der Rock über ihre Hüften nach unten und blieb achtlos um ihre Füße liegen.

***

Alfredo glaubte sich immer noch in einem Traum. Sollte er wirklich die Möglichkeit haben, diese scharfe Frau besitzen zu dürfen? Er setzte all seine erotischen Künste ein, die er sich im Laufe der Jahre erarbeitet hatte. Wenn er schon das hier genießen durfte, dann wollte er es perfekt machen! Und es sollte perfekt werden. Schon allein um Isabella zu beeindrucken.

Endlich hatte er den dämlichen Verschluss gefunden. Genau wie die Frau war auch der Rock besonders.

Als das Teil dann endlich nach unten rutschte, musste er sich innerlich vor Erleichterung auf die Schultern klopfen. Man lernte halt nie aus.

So stand sie in ihrer weiblichen Schönheit an ihn geschmiegt und hatte nichts weiter am Leib, als ihren schwarzen Spitzen-BH und den passenden Tanga. Sein Schwanz wusste nicht, wie hart er noch werden sollte, scheinbar war eine Steigerung aber doch möglich.

Fast schmerzhaft presste er sich an den Hosenstoff. Dass er keine Unterwäsche trug, kam ihm heute zugute, so konnte er wenigstens zur Seite gedrückt werden.

Im nächsten Augenblick bemerkte er, dass es nicht nötig war, denn seine Personalchefin öffnete schon den Hosenstall, umfasste seinen großen, steifen Penis und sank langsam vor ihn auf die Knie.

Beinahe wäre ihm schwarz vor Augen geworden. Mit solch einer Entwicklung hatte er auf keinen Fall gerechnet. Aber er war auch nur ein Mann. Und so behielt er sein triumphierendes Grinsen für sich, schloss die Augen und ließ sich treiben.

***

Isabella war begeistert, er sah nicht nur gut aus, nein, er war auch noch hervorragend bestückt. Das konnte nur ein Fest für die Sinne werden.

Langsam glitt sie an seinem Körper hinab. Den Kopf auf richtiger Höhe, betrachtete sie ihn genauer. Sein schon am Bauchnabel beginnender Haarstreifen setzte sich unter der Gürtellinie fort und traf wie ein Pfeil genau in der Mitte seines Schaftes auf. Der Rest seines männlichen Geschlechts war rasiert. Jede Einzelheit deutlich zu erkennen. Beeindruckt von seiner Größe und Schwere seufzte sie ergeben und berührte ihn mit ihren Lippen. Küsste ihn entlang bis zum Bauch und zurück. Biss sanft in das doch zarte Fleisch, umrundete die Kuppe mit ihrer Zungenspitze, betastete die kleine Kuhle in der Mitte der pflaumenartigen Erhebung. Fuhr mit der Zunge den Spalt nach, erkundete die kleine Vertiefung. Seine Hände lagen bisher nur sacht auf ihrem Kopf, jetzt aber verkrampften sie sich in ihren Haaren und zogen fast schmerzhaft daran.

***

Noch eine Umrundung und er begann zu keuchen, als sie dann auch noch seinen Schwanz in ihre Mundhöhle zog, war es um ihn geschehen. Seine Kontrolle über sich ging gerade flöten.

Er war immer noch der Meinung, dass er, seit er in den Fahrstuhl gestiegen war, nur träumte.

Ruckartig wollte er sich in sie bringen, wollte ihn in ihre feuchte Muschi rammen. Seine Hände um ihre großen, festen Brüste legen. Er war scharf. Er war geil. Es hielt ihn jetzt nichts mehr.

Er zog sie an ihren Haaren nach oben. Hörte er da ein bedauerndes Seufzen? Sobald sie stand, küsste er sie gierig und gleichzeitig verführerisch. Schmeckte sich selbst an ihren Lippen und sein Schwanz drängte nun an ihren Bauch.

Kurz blickte er sich im Raum um. Eigentlich wollte er alles ausprobieren. Und zwar auf einmal. Sein Denken war ohnehin ausgeschaltet. Er war nur noch auf das Eine fixiert. Sex. Guten, reinen, befriedigenden Sex!

Mit seinen Fingern suchte er ihren Tanga entlang nach ihrer Weiblichkeit. Freudig stellte er fest, dass das Höschen zwischen ihren Beinen vor Feuchtigkeit triefte. Er brauchte nur noch seinen Schwanz in ihr zu versenken.

Sie stand, wo sie stand. Er wollte jedoch ein wenig Bequemlichkeit und fand, dass das hier überhaupt nicht geeignet erschien. Leicht unentschlossen, blickte er sie fragend an. Dann dirigierte er sie in Richtung Schreibtischstuhl. Zu seiner Freude war er sogar ohne Lehnen. Sehr entgegenkommend.

Er setzte sich auf den Stuhl und sah sie herausfordernd an. Leise lächelnd ging sie mit wiegenden Hüften auf ihn zu. Langsam zog sie ihren Slip nach unten, elegant streckte sie dabei den Po nach oben, um ihn auf Höhe der Pumps abzustreifen. Spreizte die Beine und gewährte ihm einen ungehinderten Einblick auf ihre feuchte Spalte. Sein Aufkeuchen und Luftschnappen ließen sie sichtbar erschaudern.

Er streckte ihr die Hände entgegen, sie legte ihre darauf und ließ sich von ihm zu sich ziehen. Breitbeinig stand sie dann über ihm. Mit einer Hand streifte er ihre BH-Träger nach unten und entließ ihren Busen in die Freiheit. Es war eine kurze Freiheit, denn er legte sofort besitzergreifend die Hände auf sie, umkreiste sie und während sie sich auf ihn hinabsenkte, nahm er ihre fest aufgerichteten Nippel in den Mund. Umrundete sie dort mit der Zunge und spielte mit den Zähen daran.

***

Isabella wurde augenblicklich noch feuchter, sie sank langsam, Zentimeter für Zentimeter, auf seinen steil aufgerichteten Penis. Wohltuend schwamm sie in diesem Gefühl, von ihm geweitet zu werden. Die ganze Zeit über hatten sie so gut wie kein Wort gesprochen. Reden konnten sie später. Jetzt mussten monatelang aufgestaute Gefühle abgearbeitet werden.

Noch mal schaute Isabella in sein männlich markantes Gesicht, bemerkte, wie er zittrig Atem holte, wie er vor Anstrengung, sich zu beherrschen, seine Oberschenkel anspannte und die Muskeln unter der Haut arbeiteten.

Ein wenig hatte sie Erbarmen mit ihm, denn ihr ging es nicht anders, und setzte sich auf ihn, nahm ihn komplett in sich auf.

Ehrfürchtig verharrten beide in dieser Position und schauten sich an. Dort sahen sie nur vor Lust verdunkelte Augen, geweitete Pupillen und flatternde Nasenflügel.

***

Dann hielt sie beide nichts mehr. Mit kurzen, straffen Stößen erlebte er einen Rausch, den er sich die letzten Monate nicht mal im Traum hatte ausmalen können. Ihre wippenden Brüste vor seinen Augen, die er je nach Geschmack einfach in den Mund nehmen konnte. Ihre wundervollen Lippen, die ständig bereit waren, geküsst zu werden. Und dann das Klatschen ihrer feuchten, nackten Möse auf seinem festen Fleisch.

Aber gerade als er sein vernünftiges Denken für immer verabschieden wollte, erstarrte er in der Bewegung. Verhütung. Scheiße!

Isabella bemerkte erst einen Moment später, dass er erstarrt unter ihr saß. Seltsam verwirrt schaute sie ihn an. In ihren Augen stand ein großes Fragezeichen.

Er konnte noch nicht weitersprechen, dazu war er nicht in der Lage. Er deutete ihr nur an, sich ein wenig zu erheben, beugte sich zu seinen Hosen, die zu seinen Füßen lagen, weil sie beim Öffnen und Umherblicken einfach runtergerutscht waren, fummelte aus der Tasche ein Kondom heraus und wedelte es ihr verständnisheischend entgegen. In diesem Moment sah er ein Verstehen in ihren Augen aufleuchten und kurz so etwas wie Achtung. Ja, das wäre schön.

***

Sie erhob sich, drückte sich nur mit den Schenkeln nach oben, sah auf ihn hinab. Glänzend und hoch aufgerichtet wartete er unter ihr. Feuchtigkeit, ihre Nässe, schimmerte auf seiner Haut.

Irgendwie war das Gefühl für sie animalisch. Sie hatte ihn in dieser innigen Umarmung gezeichnet. Jetzt in dieser Sekunde gehörte er ihr.

Isabella beobachtete ihn, wie er das Päckchen mit den Zähnen öffnete, die Verpackung wegwarf und sich das Kondom überziehen wollte. Mit ihren Händen stoppte sie ihn, nahm ihm den Überzieher ab, rutschte etwas auf seinen Schenkeln nach hinten, damit sie besser handeln konnte. Vorsichtig setzte sie das Hütchen auf seinen Penis. Streichelte dieses ihr bisher so viel Wonnen schenkende Teil und zog den Gummi nach unten. Unter ihren Berührungen zuckte er hin und her.

Sie wollte sich gleich wieder auf ihn setzen, wollte, dass er sie ganz ausfüllte. Wollte seine Hände auf ihrem Körper spüren. Aber er hatte andere Pläne. Sacht schob er sie weiter zurück, bis ihr Hintern an die Tischkante stieß.

Sie hielt ihren Kopf schräg und sah ihn wieder fragend an. Er machte es interessant. Einen Vorgeschmack auf seine Qualitäten hatte sie ja bereits bekommen. Jetzt ließ sie sich weiter überraschen.

Er deutete ihr an, sich auf den Tisch zu setzen. Dann spreizte er ihre Beine und ließ seinen Blick über ihre feucht glänzende Weiblichkeit wandern. Genüsslich leckte er sich dabei über seine Lippen. Isabellas Atem suchte sich zittrig seinen Weg. In ihrer Kehle wandelte er sich zu kleinen, wohligen Seufzern. Wildes Verlangen veranlasste sie, ihm ihren Hintern entgegenzurecken. Als er sich dann auch noch nach vorne beugte und seinen Kopf nahe ihrer feuchten Möse platzierte, ging die Begierde mit ihr durch. Ohne abzuwarten, drückte sie ihm schamlos ihr Geschlecht ins Gesicht. Sie legte automatisch den Kopf nach hinten und bäumte sich ihm instinktiv entgegen. Ihr Atem ging nicht mehr stoßweise – er flatterte, er rasselte. Er transportierte zu wenig Sauerstoff. Ihr Gehirn war umnebelt. Ihre Gedanken nur ein Sumpf.

Seine leicht raue Zunge auf ihrer empfindlichen Haut zu spüren, brachte sie endgültig aus der Fassung. Stetig zog er seine Bahnen durch die Spalte. Umkreiste ihren Kitzler und drückte gegen das hoch sensible Fleisch.

Sie konnte nicht mehr denken, nein, nur noch fühlen. Seine Finger streichelte ihre Pobacken. Bahnten sich ihren Weg dorthin, wo gerade noch seine Zunge die Feuchtigkeit verdoppelt hatte. Sanft zog er kleine Linien von einem imaginären Punkt auf ihrem Hintern zu ihrer Möse. Isabella bestand nur noch aus kribbligen, berauschenden Sinnesfunken.

Alfredos Finger fanden ihren kleinen, feuchten Eingang und drang mit einer gezielten Bewegung in sie.

Das reichte Isabella und sie kam mit einer Wucht, dass sich ihre Beine verkrampften und sie ihr Becken dermaßen fest gegen Alfredo presste, dass der mit dem Bürostuhl ein Stück nach hinten rutschte.

Entgeistert sah sie ihn an. So was hatte sie noch nie erlebt.

Mit kreisenden Bewegungen beruhigte er sie, streichelte ihren Bauch, die Innenseiten ihrer Schenkel und vorsichtig mit der gesamten Hand über ihre immer noch zuckende Weiblichkeit.

Jetzt stellte er sich vor sie, seine Hosen weiterhin um seine Füße gewunden. Sein Penis aufrecht und bereit. Das kleine Mützchen fest anliegend. Er positionierte sich vor ihr, richtete sie noch ein wenig aus. Hob etwas ihren Po an und drang mit einer einzigen Bewegung in sie ein. Fest lagen seine Hände um ihre Taille und pressten ihren Körper an den seinen. Sie wollte sich bewegen – doch er ließ es nicht zu. So verharrten sie eine kurze Weile und genossen dieses intensive Gefühl. Seine Festigkeit in ihre Weichheit.

Unwillig begann sie, zu zappeln. Er konnte sich ein Grinsen nicht verkneifen und fing an, sich endlich zu bewegen.

Mit langsamen und gleichmäßigen Stößen drang er in sie ein, massierte und streichelte ihr williges Fleisch. Wie berauscht gaben sie sich ihrer Lust hin. Es ging einfach nur noch um das Befriedigen der aufgestauten Gefühle, die sie beide in sich hatten. Seine Bewegungen wurden immer kräftiger, immer dringlicher.

Beide waren so in ihrer Begierde gefangen, dass es keinen Platz für Zärtlichkeiten gab. Später mussten sie das unbedingt nachholen. Aber jetzt, jetzt siegte einfach nur der Trieb.

Festgekrallt lagen seine Hände um ihre Hüften, jeder Stoß brachte sie der Erlösung entgegen.

Isabella war aufgepeitscht, sie genoss dieses Reiben in ihrem Körper, genoss die Berührung seiner Hoden an ihrem Po und seine Finger vermittelten ihr Halt.

Sie gaben sich beide genau das, was sie so dringend brauchten.

Alfredo gab sich auch keine Mühe, sein Verlangen zurückzuhalten, er schien zu bemerken, wie dringend sie diese Erfüllung herbeisehnte. Nach einigen kräftigen Stößen war sie sich sicher, der Tisch unter ihr könnte nachgeben, so fest drang er in sie. Wie von Sinnen keuchte sie und versuchte, sich aufzurichten, wollte, dass er sie küsste, ihren Busen berührte. Doch schon allein die kleine Änderung des Winkels löste in ihr den nächsten Orgasmus aus. So gewaltig, dass ihr für den ersten Moment der Atem wegblieb und dann konnte sie nur noch laut stöhnen. Sie zitterte am ganzen Körper, ihre Beine hatte sie um seinen Unterleib geschlungen, mit aller Härte drückte sie ihn gegen sich.

***

Sein Verstand arbeitet kaum noch, es beherrschte ihn nur eine Bewegung, rein und raus aus dieser Frau, dieser feuchten, heißen Höhle. Sie könnte sein Verderben sein. Wie sie versuchte, sich aufzurichten, versuchte, ihn zu berühren, ihre Hand schon ausgestreckt hatte und während der Bewegung innehielt, da sie von einem megamäßigen Höhepunkt überrollt wurde. Ihre Muskeln zogen sich so fest zusammen, dass es für ihn fast schmerzhaft war. Er konnte die Wellen regelrecht spüren, die durch ihren Körper liefen. Dann noch das rhythmische Zusammenziehen um sein bestes Stück herum und er war verloren. Mit einem lauten Aufkeuchen kam er zu einem intensiven, ihn durch Mark und Bein erschütternden

Höhepunkt.

Völlig ausgelaugt stützte er seine Arme auf dem Tisch neben ihrem Kopf ab. Einige Minuten brauchte er, um wieder zu Atem zu kommen, seine Gedanken wieder aus dem Nebel zu führen. Ihre Körper waren noch auf das Innigste verbunden. Nachdem sein Luftholen wieder ohne rasselnde Nebengeräusche möglich war, blickte er ihr in die Augen.

***

Dieses Mal schaffte sie es, hob ihre Hand und strich die verschwitzten Haare aus seiner Stirn. Fuhr über seine Wange, weiter über den ausgeprägten Kieferknochen. Auf dem Kinn blieb ihr Finger in der kleinen Kuhle liegen und streichelte diese hinauf zu seinen Lippen.

Sanft umschloss er mit den seinen ihren Finger und drückte kleine sanfte Küsse darauf. Diese Berührung schien ihn so zu elektrisieren, dass sein bestes Stück schon wieder zum Leben erwachte. Ihre Augen weiteten sich vor ungläubigem Staunen. Sehr gern hätte sie eine zweite Runde angeschlossen, leider war die Zeit zu zweit vorbei.

Die Kolleginnen würden sich bald zum Schichtwechsel treffen und so wollte sie ihnen sicherlich nicht begegnen.

Das hier musste verschoben, aber auf keinen Fall aufgehoben werden. Diese zweite Nummer ging auf ihn. Er hatte sie eingeläutet. Leider würde sie ihm jetzt das Spiel vermiesen müssen.

***

Alfredo wollte sich gerade zu ihr hinabbeugen und an ihrem Ohrläppchen knabbern, da zog sie leicht den Kopf zurück und er konnte ein Bedauern in ihrem Blick lesen.

»Mein wilder Alfredo, so gerne ich das mit dir hier jetzt sofort fortsetzen möchte, aber uns bleibt keine Zeit. Francesca und Sophia werden gleich zum Dienstwechsel kommen.«

Alfredo hörte eigentlich nur *fortsetzen* und wollte sich gleich ins Zeug legen. Als er sich ihre Worte noch mal durch den Kopf gehen ließ.

Oh, ja, sie waren hier im Personalbüro. Oh mein Gott, ja. Wie ein Schwall kaltes Wasser traf ihn die Erkenntnis, dass er sein Idol mitten auf dem Schreibtisch des Personalbüros genommen hatte.

Schlagartig bemerkte dies auch sein kleiner Freund und schloss die Konsequenz daraus. Seine beginnende Verfestigung wurde zu einer weichen Fleischmasse. Langsam flutschte sie aus Isabellas herrlich feuchtem Loch, der Gummi rutschte zusammen und landete mit einem kleinen *Klatsch* auf dem Boden.

Betreten sah er ihn dort liegen. Mit einem Mal kam ihm die ganze Situation wieder völlig abstrus vor. Hatte er wirklich mit dieser Frau hier geschlafen? Sie einfach so genommen? Schon der Gedanke daran ließ seinen Schwanz wieder anschwellen. Himmel, so ging das nicht.

Sein Blick richtete sich auf Isabella, sie war in der Zwischenzeit vom Tisch gerutscht und hatte sich ihren Rock übergezogen und schlüpfte gerade in ihre Jacke.

Er stand immer noch völlig bedeppert mit heruntergelassenen Hosen vor dem Tisch.

***

»Alfredo, zieh dich an! Bitte!« In ihrem Ton lag eine gewisse Dringlichkeit. Sie schloss den letzten Knopf, da blickte sie ihn an. Er stand wie ein Häufchen Elend da. Begossener Pudel wäre auch ein passender Ausdruck gewesen. Sie fand ihn in diesem Moment so was von süß. Mit einem Schritt war sie bei ihm. Legte ihre Hand auf seine Wange und die andere auf seinen noch immer entblößten Po. Drückte ihn leicht und meinte so nebenbei: »Ich habe gleich Feierabend, da könnten wir zusammen etwas Essen gehen?« Die Frage ließ sie im Raum stehen, löste sich von ihm und schaltete ihren Computer aus. »Alfredo!« Sie schaute ihn auffordernd an. »Los, komm schon!«

Endlich schien er aus seiner Trance zu erwachen. In Windeseile bückte er sich, schnappte sich das Kondom, steckte es in seine Hosentasche, richtete sich auf und zog sich endlich fertig an.

»Isabella«, seine Stimme glich einem Reibeisen, so rau und kratzig war sie. Nach einem Räuspern hörte er sich wieder normaler an »Isabella!« Ihr Name hielt sie dann mitten in der Bewegung auf und sie schaute ihn erwartungsvoll an. »Ich ... Normalerweise ...«, stammelte er.

»Gehst du nicht essen?« Mit dieser Gegenfrage nahm sie die Spannung aus der Situation. Sie wollte ihn noch mal, und zwar heftig. Da würde sie doch auf jegliche Erklärungen verzichten.

Sie streckte ihm die Hand entgegen, fingerte mit der anderen im Vorbeigehen ihre Handtasche von einem Stuhl. Wie von selbst legte sich seine Hand in ihre. Gemeinsam verließen sie das Bürogebäude und machten sich auf den Weg, etwas Essbares zu finden.

Lesbische Freundinnen

»Franzi, kommst du heute Abend auf eine Pizza rüber?« Paula hing wie gewöhnlich am Arm ihrer besten Freundin und schnatterte die ganze Zeit über jeglichen Tratsch. Franzi mochte sie. Sie war einfach unkompliziert und lebensfroh.

»Paula, ich habe doch heute noch Klavierstunde, du weißt, mein Vater ist da immer streng. Ausfallen lassen geht gar nicht.« Es war der einzige Luxus, den sich ihre Eltern für sie leisten konnten.

Resigniert schaute Franzi unter ihrem Käppi zu Paula. Paula war fast einen ganzen Kopf kleiner als sie. Franzi fragte sich jedes Mal, warum sie überhaupt mit ihr befreundet war. Seit dem Kindergarten kannten sie sich und hätten unterschiedlicher kaum sein können. Sie stammte aus einfachen Verhältnissen, ihre Mutter putzte für eine große Firma und ihr Vater war auf Montage auf einer Bohrinsel. Paula hingegen war das Kind einer Elitefamilie. Uralter Geldadel. Gepaart mit einem Wirtschaftsmagnaten. Nur dem Umstand, dass sie beide den gleichen freien Kindergarten besucht hatten, verdankten sie ihre Freundschaft. Und diese schien wirklich alle Höhen und Tiefen zu überstehen.

»Na gut, dann halt nach der Stunde?« Paula hüpfte wie ein kleines Kind neben ihr her. »Ich habe heute und morgen sturmfrei.« Verzückt fing sie auf dem Gehweg an zu tanzen.

»Ich weiß nicht, die ist erst gegen neun zu Ende. Ob meine Mutter mich dann noch zu dir fährt?« Achselzuckend war Franzi stehen geblieben. Paula verharrte mitten in der Bewegung.

»Was soll das denn jetzt heißen? Möchtest du nicht bei mir übernachten und Pizza essen?«

***

»Ach, freilich, aber ich kann das doch von meiner Mutter nicht auch noch verlangen. Sei realistisch. Du weißt, sie kommt dann erst von der Arbeit.« Paula rieb sich nachdenklich ihr Kinn. Franzi beobachtete sie eine Weile. Sie sah wirklich süß aus, wie sie in der Schuluniform, dem kurzen Rock und den weißen langen Strümpfen, auf dem Gehsteig vor ihr stand. Paula neigte zur Rundlichkeit, stramme Waden, üppige Schenkel und ihr Po war auch nicht zu verachten. Hatte sie so manchen Jungen sagen hören. Der kleine Bauchansatz und die vollen Brüste ließen sie, trotz ihrer geringen Körpergröße, älter wirken. Sie dagegen war recht mager, hatte weder Hintern noch Vorbau zu bieten. Sie hoffte wirklich, dass da noch ein paar Rundungen wuchsen, wenn die Pubertät weiter fortschritt. Hoffen konnte man ja immer.

Als Paula sprach, war sie leicht überrascht. »Wie wäre es, wenn ich unseren Fahrdienst beauftrage? Er kann dich abholen und vorher muss er die Pizza besorgen!« Vor Freude klatschte sie in die Hände. »Ja, das ist doch mal eine brillante Idee!« Sie drehte sich schwungvoll zu Franzi und schaute sie bestätigungsheischend an. »Los, komm schon, sag Ja.« Schon hatte sie einen Schritt auf sie zu gemacht. Fasste wieder ihren Arm und zog daran.

»Paula, du kannst ganz schön nerven. Weißt du das?« Ihr kleiner Anraunzer war nicht böse gemeint und so fasste Paula ihn auch hoffentlich nicht auf.

»Ich weiß«, war alles, was sie dazu sagte und schmiegte sich wieder an ihren Arm.

Noch ein paar Straßen mussten sie zusammen heimlaufen, dann bog Paula ab, lief auf das Anwesen ihrer Eltern zu. Rief ihr aber noch mal zu: »Ich organisiere das heute Abend! Mister Chang holt dich um neun bei deiner Klavierlehrerin ab. Wir sehen uns später.« Dann winkte sie Franzi zu und verschwand hinter dem Eisentor.

Franzi blieb nichts anderes übrig, als verhalten zurückzuwinken. Manchmal machte Paula ihr ein wenig Angst. Diese Beharrlichkeit, wenn sie eine Sache verfolgte. Ihre Mutter meinte zwar immer, sie würde schon nur wegen ihrer Familie ein hohes Tier in irgendeiner Firma werden, aber davon war Franzi nicht überzeugt. So einfach machten sie ihr das Leben auch nicht. Vor allem ließen sie sie oft allein. Kein Wunder, dass sie sich so an sie klammerte.

Ein bisschen fühlte sie sich auch geehrt. Denn wer konnte schon auf solch eine lange und intensive Freundschaft zurückblicken in seiner Jugend? Immerhin waren sie beide erst achtzehn Jahre alt. Und sie hatte immer noch keinen Plan, was sie später machen wollte. Paula schien da weniger befangen zu sein. Es würde sich schon was finden, war ihr beliebtester Satz. Klar, sie brauchte sich finanziell auch keine Sorgen zu machen. Oh, jetzt sollte sie lieber aufhören, zu grübeln, die Richtung, die ihre Gedanken einschlugen, gefiel ihr überhaupt nicht.

Sich auf eine andere Sache konzentrierend, machte sie sich auf den Heimweg, um sich auf ihre Klavierstunden mit anschließender Übernachtung bei Paula vorzubereiten. Die Vorbereitungszeit brauchte sie, denn so lieb sie sie hatte, so anstrengend war sie hin und wieder.

Ihre Mutter war zwar wenig begeistert, dass sie das Wochenende wieder nicht zu Hause verbringen wollte. Aber nach langer Diskussion, da es doch nur eine Nacht wäre und sie am Samstagvormittag wieder zur Verfügung stehen würde, stimmte ihre Mutter zu. Am Telefon konnte sie sie nicht so sehr zutexten, wie es persönlich der Fall gewesen wäre. Vorteile musste man nutzen.

***

Paula hatte Wort gehalten, ihr Chauffeur, mit großer und überhaupt nicht auffälliger Limousine, stand pünktlich vor dem Haus der Klavierlehrerin. Im Wagen duftete es schon herrlich nach warmer Pizza mit Käse und Zwiebeln. Ein himmlisch aromatischer Geruch, der sie schmerzlich an ihren leeren Magen erinnerte.

Sie konnte essen, was sie wollte, sie nahm einfach nicht zu. Ihr Körper rundete sich nicht, nirgends wuchsen weiche, verführerische Stellen, die den Männern gefallen könnten. Leise seufzte sie. *Irgendwann, irgendwann wirst auch du mit Weiblichkeit gesegnet sein* – versprach ihr zumindest ihre Mutter. In dieser Hinsicht war sie auf Paula schon ein klein wenig neidisch.

Nach einer fünfzehnminütigen Fahrt hielt der Wagen direkt vor dem Haupteingang von Paulas Elternhaus. Paula stand schon in der Tür und winkte aufgeregt, so als hätten sie sich seit Jahren nicht gesehen. Franzi musste darüber herzlich kichern.

Die Autotür wurde von Mister Chang geöffnet, da konnte sie auch schon Paula jubeln hören. »Juhuuu! Meine zwei Lieblingssachen auf einmal!«

»Bitte sag mir jetzt nicht, dass du mich mit einer Pizza auf eine Stufe stellst.« Herr Chang reichte Paula die Verpackung und einen Beutel dazu, verbeugte sich leicht und fuhr mit dem Wagen davon.

»Was kann ich denn dafür, dass du und Pizza auf meiner Geilheitsliste ganz oben steht? Also ehrlich, biste jetzt auch noch beleidigt?« Mit einem zu lieblichen Lächeln schob sie Franzi zur Tür hinein.

»Nein, ich bin nicht beleidigt. Na gut, vielleicht doch ein wenig.« Franzi wollte sich umdrehen und ihr einen schmollenden Blick zuwerfen, aber Paula hatte ihre Hand auf ihren Rücken gelegt und schob sie einfach weiter.

»Los hoch in mein Zimmer. Die Pizza wird bei deinem Gequassel ja kalt!«

»Boar, geht ja gar nicht! Kalte Pizza!« Genervt verdrehte Franzi die Augen. Prioritäten gab es im Leben von Paula. Und eine Pizza kalt werden zu lassen, gehörte auf jeden Fall nicht dazu.

»Siehste, du gibst mir recht! Also los, lauf schon!« Beide Mädchen rannten, immer eine Stufe auslassend, die Treppen nach oben.

In der zweiten Etage angekommen, öffnete Paula leicht außer Atem ihre Zimmertür.

Franzi blieb mitten in der Tür stehen. Mit großen Augen schweifte ihr Blick durch das Zimmer. Es war eine Woche her, dass sie hier zusammen Hausaufgaben gemacht hatten. Und da hatte das Zimmer noch völlig anders ausgesehen. Sie vermisste die Blumentapete, die Rüschenvorhänge und das schöne Bett, welches in die Wand eingebaut gewesen war, dann die vielen großen und kleinen Plüschtiere – das hübsches Mädchenzimmer einer Reichen. Kein Vergleich mit dem, was sie jetzt vor sich sah.

»Woah«, war in ihrer Verblüffung alles, was sie sagen konnte. Völlig verdattert stand sie immer noch an Ort und Stelle.

»Komm rein und mach die Tür zu!« Paula rutschte den modernen Glastisch etwas weiter in die Mitte des Zimmers und drapierte kleine Ledersitzkissen auf jeder Seite. Dass sich Franzi immer noch nicht bewegte, bemerkte sie erst, als sie die Pizza auf den Tisch stellte. Sie richtete sich auf und stützte ihre Arme auf ihre Hüften, wobei sie sie noch leicht abknickte, was sie irgendwie seltsam dastehen ließ. Dieser Anblick löste endlich die Starre und Franzi kam in Bewegung. Sie konnte sich außerdem ein Kichern nicht verkneifen.

»Was ist?«, schnappte Paula jetzt ihrerseits etwas pikiert.

»Du siehst so ulkig aus!«

»Na, herzlichen Dank auch!« Paula warf ihr einen vernichtenden Blick zu und drehte sich wieder zu ihrer bereits aufgeteilten Pizza.

»Wann habt ihr das hier machen lassen? Warte, blöde Frage! Diese Woche? Klar, diese Woche. Ich bin echt baff ... Was hat dich an deinem Zimmer denn gestört?« Franzi drehte sich auf der Stelle um sich selbst und betrachtete die neue Einrichtung, die neue Farbe, oder war es Tapete? In verschiedenen Cremetönen hingen bodenlange Gardinen an den Fenstern, in der Mitte des Raumes stand ein großes Doppelbett mit zahllosen Kissen, alles in den gleichen Nuancen wie die Vorhänge und Tapeten. Ein *Wow!* konnte sie sich einfach nicht verkneifen.

»Hey, krieg dich wieder ein! Das ist nur *ein* Zimmer!«

»Ähm ... klar ... ist ja nur ein Zimmer!«

»Tut mir leid, ich vergesse manchmal, dass es nicht für alle normal ist. Aber es ist halt nur eine kleine Renovierung. Mist, vergiss es einfach. Nimm es hin. Ich durfte mir wenigstens die Farbe aussuchen.«

»Ja, ich verstehe, das war hart!« Paula wandte den Kopf zu Franzi und starrte sie an. Franzi konnte nicht mehr, verzog ihr Gesicht zu einer Grimasse und streckte Paula die Zunge raus. Diese tat, als wäre sie schockiert und griff sich theatralisch mit der rechten Hand an ihren Ausschnitt, neigte den Kopf und sah wirklich sehr dramatisch aus. Zu guter Letzt lachten beide laut auf und führten einen spielerischen Boxkampf auf. Am Ende lagen beide völlig erschöpft auf dem großen Bett und hielten sich von den vielen Lachsalven die Bäuche. »Wie soll ich jetzt noch was essen? Mir tut der Bauch weh!« Franzi drehte leicht den Kopf und sah sie mit einem Schmollschnütchen an.

»Dann hast du wirklich Pech, denn jetzt kann ich die Pizza ganz alleine essen!« Franzi grinste anzüglich.

Mit Schwung erhob sie sich vom Bett und lief schnell zu dem geöffneten Pizzakarton. Schnappte sich eins der Stücke, die Paula vorhin so nett im Karton verteilt hatte, und biss herzhaft hinein.

»Du weißt schon, wie fies das ist, oder?« Paula schälte sich aus den Bettdecken und starrte Franzi jetzt ihrerseits schmollend an.

»Hmm ... und wie!« Damit biss sie noch einmal von dem Stück ab, berührte mit der freien Hand ihren Bauch und fuhr in kreisenden Bewegungen darüber. »Lecker«, stöhnte sie dabei auf.

Ohne Vorwarnung traf sie eins der tollen cremefarbenen Kissen am Kopf. Verdattert starrte sie darauf, dann zu Paula. Von ihr wieder auf das Kissen.

»Hast du mich jetzt echt mit dem Kissen beworfen?« Natürlich hatte sie das getan, aber Franzi kam das so ungeheuerlich vor. Nicht im negativen Sinne, nein, einfach nur, weil Paula sonst nicht so ... na, weil sie sonst so etwas nicht getan hätte.

»Habe ich, ich wollte dich beim Essen stören.« Damit landete noch ein Kissen an Franzis Körper.

»Hey, die bekommen doch Flecken!« Schon als sie die Worte aussprach, kamen sie ihr albern vor. Sie machte sich Sorgen um die Bezüge? Wie lachhaft. Franzi verdrehte die Augen und schüttelte den Kopf. Mehr wie albern.

Hinter sich hörte sie leichte Schritte, Paula war also aufgestanden, versuchte sich auf leisen Sohlen an sie heranzuschleichen. Sie hatte wahrscheinlich vor, sie zu erschrecken. Na, da hatte sie ihren Plan aber nicht mit ihrem Instinkt gemacht. Bei einem schnellen Blick über ihre Schulter, sah sie Paula, die ihre Hände schon erhoben hatte und sie garantiert in die Seiten zwicken wollte, da hatte sie sich schon umgedreht und beide stießen mit ihren Körpern zusammen.

Eigentlich sollte das doch nichts Ungewöhnliches sein, nichts, worüber sie sich Gedanken machen sollte. Oder doch? Immerhin waren sie seit über fünfzehn Jahren befreundet.

Doch dieses Mal war es anders. Es fühlte sich anders an. Irgendwie – verstörend! War verstörend das richtige Wort?

Franzi verharrte immer noch in der Stellung, in der Paula sie angesprungen hatte. Paula stand vor ihr, die Arme fest um ihre Taille geschlungen und der Kopf ruhte nah ihrem Busen. Es war seltsam. Klar, Paula war einfach nicht größer, aber dass sie dort lag, das war einfach so ... Franzi fehlten echt die Worte, die ganze Situation zu beschreiben. Doch dann fiel ihr eins ein: Es passte nicht, es sollte so nicht sein.

Sie hatte die Arme noch weit von sich gestreckt und stand wie eine Vogelscheuche auf dem Feld, mitten in diesem Traum eines Zimmers. »Paula?« Zaghaft sprach sie sie an. Sie wollte sie nicht erschrecken oder etwas in die Situation hineininterpretieren, was völlig lächerlich war.

»Hm.« Der sich noch enger an sie schmiegende, wohl gerundete Mädchenkörper führte nicht zur Klärung bei. Ja, es war nicht unangenehm, aber war das nicht irgendwie daneben? Sie waren Mädchen – beinahe Frauen. Sie zumindest, denn sie hatte vor, sich im Laufe des Jahres von einem Freund entjungfern zu lassen. In der Klasse war das in Mode und scheinbar hing sie da ziemlich hinterher. Richtig Lust hatte Franzi noch nicht, sich diesem Thema zu widmen, aber sie wollte auch nicht ahnungslos sein. Seit geraumer Zeit hatte sie sich deshalb mit den Jungen aus ihrer Klasse beschäftigt, nur um festzustellen, dass alle dafür unbrauchbar waren. Die in den höheren Stufen waren dann doch männlicher und laut Gerüchten auch erfahrener. Heimlich hatte sie dann eine Liste erstellt, sich umgeschaut, wo die Jungs wohnten, und sich auf dem *Schwarzmarkt,* der in der Schule das Mädchenklo war, die Telefonnummern organisiert.

Paula wusste von diesen Vorhaben noch nichts, denn Franzi hatte die Vermutung, sie würde sie auslachen. Und da schreckte man doch etwas zurück.

Deshalb kam Franzi diese Konstellation ihrer Körper sehr unpassend vor. »Paula, die Pizza wird kalt:«

Immer noch keine Reaktion. Langsam winkelte Franzi ihre Arme um Paula und tippte ihr auf die Schulter.

»Das mit dem Zwicken ist schiefgegangen. Du kannst jetzt loslassen!« Sie versuchte, einen leicht scherzhaften Ton anzuschlagen, denn sie fühlte sich überfordert.

Bestimmt packte sie Paula an den Schultern und drückte sie sanft von sich. Womit sie allerdings nicht gerechnet hatte, war Paulas Widerstand. Je vehementer sie drückte, desto fester klammerte sich Paula an sie. »Paula!« Panik machte sich in Franzis Stimme breit. »Was soll das?«

Endlich bemerkte Paula Franzis Unwohlsein. Wohl eher aber die etwas schrille, hohe Stimmlage. Sehr, sehr langsam löste sie ihre Umklammerung. Franzi hoffte, dass es Zufall war, denn Paulas Hände glitten breit über ihre schmale Taille. Sie wollte gerade nach Luft schnappen, da ließ sie sie plötzlich los. Drehte sich wie ein Wirbelwind um sich selbst, stieß dabei ein kleines kicherndes Lachen aus.

»Findest du nicht? Das Leben ist wundervoll!« Immer weiter drehte sie sich und ließ sich wieder auf das Bett fallen.

»Paula? Geht's dir heute wirklich gut? Ich gehe auch heim, wenn du lieber alleine sein willst.«

Genauso schnell, wie sie sich auf das Bett hatte fallen lassen, rappelte sie sich wieder auf und starrte Franzi entsetzt an.

»Bist du irre?« Sie rutschte vor und stellte ihre Füße auf den Boden. Stemmte sich hoch und wieselflink stand sie plötzlich direkt vor Franzi. Sehr seltsam blickte sie sie an. Für eine Weile starrte sie ihr direkt in die Augen.

Franzi ging automatisch einen Schritt zurück und nahm verlegen noch ein Stück Pizza.

Im nächsten Augenblick hatte sie sich schon wieder weggedreht und sich dem Beutel gewidmet, den der Fahrer ihr vorhin mitgebracht hatte. Franzi konnte nicht sehen, was sie daraus nahm, sie stand direkte davor. Nach einer kleinen Weile hörte sie ein Geräusch, das sich sehr nach dem Drehverschluss einer Flasche anhörte. Was ging hier heute nur vor?

Franzi überlegte schon, ihr Telefon herauszuholen und ihre Mutter doch noch anzurufen. Nur war es jetzt kurz vor zweiundzwanzig Uhr, da würde sie sich etwas anhören können. Andererseits, Paula war doch ihre Freundin, vielleicht hatte sie heute nur einen extremen Anfall von Kuschelbedürfnis oder so etwas Ähnliches.

Paula drehte sich langsam um, in beiden Händen hielt sie

je ein Glas gefüllt mit einer hellbraunen Flüssigkeit.

Franzi beäugte es mit steigendem Unmut. »Paula? Was ist das?« Sie zeigte anklagend mit den Fingern auf die Gläser.

»Ein kleines Experiment. Ich möchte etwas austesten.« Dabei reichte sie Franzi eins davon. Hielt es ihr hin, damit sie nur noch zufassen brauchte. Nur hob Franzi nicht die Hand, um sie um das Glas zu schließen. Leicht genervt bewegte Paula das Trinkgefäß vor ihr hin und her. »Och, komm schon! Meine Eltern trinken das ständig. Ich will wissen, wie das schmeckt. Aber alleine traue ich mich nicht.« Mit mehr Überzeugungskraft versuchte sie, Franzi zu animieren, ihr es endlich abzunehmen.

»Aber nur einen Schluck!« Franzi fand diese Erklärung erst mal einleuchtend.

Langsam streckte sie die Hand aus und nahm Paula eins ab. Das Glas fühlte sich ungewohnt an. Natürlich hatte sie schon massenweise Gläser in der Hand gehabt, wie albern der Gedanke war. Trotzdem, es war seltsam.

Sie wusste, dass auch ihre Eltern hin und wieder etwas Alkoholisches tranken, für sich selbst hatte sie bisher überhaupt keine Ambitionen verspürt. Ihre Kumpels und Freunde aus der Schule hingen freilich nach dem Unterricht an beliebten Treffpunkten zusammen und tranken Bier. Aber Bier war doch harmlos.

Doch das hier?

Das hier war schon etwas anderes. Sie hielt das Glas immer noch in der Hand, als handle es sich um einen Frosch. Betrachtete die sanft darin schwingende Flüssigkeit. Wo sollte das heute hinführen? Irgendwas lag in der Luft, das ihr eine leichte Gänsehaut über den Rücken laufen ließ.

»Hab dich nicht so. Los, wir trinken zusammen, jeder einen kleinen Schluck!« Paula nickte ihr aufmunternd zu. Hob ihr Glas an ihre Lippen und formte das Worte *Los* noch einmal.

Franzi hob es langsam an und berührte den Rand mit den Lippen, ein leicht scharfer Geruch kroch in ihre Nase. Rümpfend zog sie sie zusammen. »Das soll man trinken können?« Ein kleiner Schauer des Unbehagens fuhr durch ihren Körper.

»Hab dich nicht so! Komm schon! Der erste Schluck soll nicht so doll sein, aber dann würde es schmecken. Brandy wäre halt so.«

»Wer um alles in der Welt erzählt dir so was? Das Zeug ist doch ätzend!« Mit größter Mühe zwang sie sich, sich nicht angewidert die Nase zuzuhalten. Sacht hob sie das Glas an die Lippen und veränderte den Winkel, damit die bernsteinfarbene Flüssigkeit sich ihrem leicht geöffneten Mund näherte. Kaum dass der stechende Geruch sich in ihrer Mundhöhle ausbreitete, musste sie husten, dabei schwappte der Brandy fast aus dem Glas.

Paula schaute sie aus großen Augen an, nippte selbst an ihrem Trinkgefäß und verzog angewidert den Mund. »Igitt! Das ist ja widerlich!« Dabei versuchte sie, sich mit der Hand über die Zunge zu wischen. Mit hektischem Blick suchte sie das Zimmer ab.

»Was suchst du?«, fragte Franzi sie zwischen einzelnen Hustenattacken.

»Was zum Nachspülen!« Franzi reichte ihr die Cola, die neben ihr auf dem kleinen Tisch stand. Gierig nahm Paula die Flasche, öffnete sie und trank auch gleich daraus. Kurz darauf starrte sie die Colaflasche an, schenkte sich etwas davon in ihr immer noch mit Brandy gefülltes Glas. Sie schüttete so lange Cola nach, bis es randvoll war, dann begann sie wieder, daran zu nippen.

»Du bist Masochist? Hat dir das eben nicht gereicht?« Franzi blickte sie verständnislos an.

»Na, denkst du, ich gebe so einfach auf? Ich werde das jetzt kosten und du wirst mir helfen.«

»Du hast eine Meise. Dir geht es heute wirklich nicht gut. Vielleicht sollte ich doch gehen!« Sie meinte das nicht böse, aber Paulas Benehmen war an diesem Tag nicht normal.

»Hab dich nicht so! Los, koste mal mit Cola, das schmeckt total anders.« Gesagt, getan, noch während sie sprach, schenkte sie Franzis Glas voll.

Überraschenderweise musste Franzi feststellen, dass Paula recht hatte, mit Cola schmeckte das Gebräu wesentlich angenehmer und süßer.

Zusammen setzten sie sich auf das tolle Bett, aßen endlich die Pizza und spülten sie mit dem süßen Mixgetränk runter.

Mit der Zeit stieg in Franzi eine nette Wärme auf, sie breitete sich von ihrem Bauch über ihren Brustkorb in ihre Arme und in die andere Richtung aus, zwischen ihren Beinen und weiter hinab zu den Schenkeln und Waden. Eine angenehme Trägheit durchströmte ihren Köper. Sie ließ sich nach hinten gleiten und lag angelehnt an das Kopfteil des Bettes.

Paula sorgte dafür, dass ihr Glas nie wirklich leer war und es schmeckte immer besser. Wenn sie so darüber nachdachte, sie wusste nicht mehr, wie viele sie schon getrunken hatte. Waren es zwei oder vier? Schenkte sie schon den fünften ein? Ihre Gedanken benebelten sich zusehends. Mühsam versuchte sie, die Augen offen zu halten, kniff immer eins zusammen und linste durch das andere. Ein leichtes Schwindelgefühl ging durch ihren Körper, sie versuchte, sich mit den Händen abzustützen, und kicherte dabei.

Paula ging es wahrscheinlich nicht besser, denn immer wieder sank ihr Kopf an den Bauch ihrer Freundin und sie musste ebenfalls kichern.

Franzi fragte sich, wie sie es dennoch anstellte, dass ihr Glas immer voll war. Kaum dass sie es zur Hälfte geleert hatte, beugte sich Paula über den Bettrand und füllte die Gläser wieder auf.

Es schmeckte wirklich verführerisch.

Aber Franzi dachte nicht mehr, denn ihre Gedanken schwammen auf einer Welle von süßem Mixgetränk davon.

Ihren Zustand nutzte Paula aus und ab da war Franzi ohnehin so ziemlich alles egal. Franzi lag auf dem Bett, ganz in ihrem angeheiterten Rausch gefangen, in dem sie nicht mehr widersprechen oder davonlaufen konnte.

Langsam legte sie ihren Kopf auf Franzis Bauch, rutschte Stück für Stück höher, vorsichtig ließ sie eine Hand unter das T-Shirt gleiten und schob es in Richtung von Franzis Brüsten. Franzi befand sich in einer Art Trance. Sie bemerkte die Berührung, konnte Paula direkt über sich sehen, aber nicht reagieren, denn der Nebel und diese verflixte Wärme hinderten sie daran.

Und um ganz ehrlich zu sein, ihr gefielen diese kleinen sanften Liebkosungen. Das zumindest gaukelte ihr ihr Gehirn vor.

Leicht strich Paula über Franzis Haut. Franzi hatte das Gefühl, dass die Wärme in ihrem Inneren sich plötzlich einen Weg nach außen suchte. Bildete sie es sich nur ein? Oder brannte ihre Haut an den Stellen, an denen sie berührt wurde?

Ihr fielen die Augen zu, ob vor Wonne oder weil der Alkohol seine Wirkung zeigte, war ihr nicht bewusst.

Sie schien zu träumen, auf einer großen Wolke aus cremefarbenen fluffigen Tüchern zu liegen. Sie räkelte sich, streckte ihre Glieder und nahm wunderbare Empfindungen wahr. Ihre kleinen, festen Brüste wurden sacht massiert und mit irgendetwas Feuchtem berührt. Ein wahnsinnig tolles Gefühl. In ihr baute sich ein Sehnen auf, das sie so bisher noch nicht gekannt hatte. Ihr ganzer Bauch schien zu kribbeln, ihre Kehle flatterte, weil ihr Wonnetöne daraus entströmten. So herrlich hatte sie sich noch nie gefühlt. Mit einem tiefen Stöhnen atmete sie laut auf. Die himmlischen Gefühle bahnten sich ihren Weg durch ihren Körper. Wie lauter kleine, feine Nadelstiche überzogen die Berührungen ihre Haut.

Sie konnte sich nicht entscheiden, fröstelte sie oder war es die extreme Hitze in ihrem Inneren, die die Gänsehaut verursachte?

Irre, so aufgeputscht, so aufgewühlt und so dermaßen überempfindlich hatte sie sich noch nie gefühlt. In einer Ecke ihres Gehirns wollte sie diesen Zustand ständig haben.

Ein sinnliches Lächeln legte sich auf ihre Lippen, sie versuchte, diesen Traum so lange wie möglich in ihren Gedanken zu halten. Sie wollte noch nicht aufwachen.

Die fremden Hände auf ihrem Körper streichelten sie weiter. Sacht fuhren sie über ihre Hüften, ihre Taille, an den Außenseiten ihres Busens entlang. Ein berauschendes Erlebnis. Sie wusste bisher nicht, dass ihre Haut an diesen Stellen so empfindlich sein konnte. Leise stöhnte sie vor Behaglichkeit. Sie hielt die Augen weiterhin geschlossen, nur damit der Traum sich nicht verflüchtigte. Sie kuschelte sich tiefer in die Kissen, drehte langsam den Kopf von der einen zur anderen Seite.

Gemächlich, genüsslich.

Ihre Arme versuchte sie, über dem Kopf zu halten, um ja nicht diese Hände zu behindern. Sie sollten sie betasten, streicheln, berühren, anfassen. Einfach nur Haut an Haut reiben. Der Schwamm in ihrem Kopf schien sich nicht auflösen zu wollen, er gestattet ihr, diese tollen Gefühle zu begreifen, was oder wer sie auslösten, realisierte sie nicht.

Diesen blöden Tag einfach hinter sich lassend, genoss sie den Zustand. Schwerelos, sinnlich, atemlos.

Die Hände flogen über ihren Körper, strichen über ihre Schultern, fuhren um ihre Brüste, die durch ihre gestreckte Haltung dieses Streicheln umso intensiver wahrnahmen. Ihre kleinen rosa Brustspitzen standen aufgerichtet, reckten sich den suchenden Fingern entgegen.

Eine warme Feuchtigkeit umschloss plötzlich ihre Nippel, langsame, kreisende Bewegungen mit einem weichen, feuchten Etwas brachten sie fast um den Verstand. Vor Schreck musste sie tief einatmen, das weitete ihren Brustkorb und ihr Busen wurde fester an dieses Etwas gedrückt.

Tief in ihrem Inneren brannte sie schlagartig. Eine extreme Hitze sammelte sich in ihrem Bauch unterhalb des Nabels. Die Spanne zwischen Nabel und Schambein glühte, nein, sie verglühte. Flüssiges Feuer wie ein großer See aus Lava sprudelte direkt von da aus zischen ihre Beine.

Ein Kribbeln machte sich ihn ihr breit. Es fühlte sich an, als würden viele kleine Nadeln in ihre Haut piksen. Oder nein ... Eher, wie wenn ein Fuß oder Arm eingeschlafen war. Es war kein unangenehmes Gefühl, eher ungewohnt und vor allem drängte es sie zu ... ja ... zu was? Sie war völlig mit dieser Situation überfordert. So entschloss sie sich, abzuwarten. Darauf zu hoffen, dass ihr Gehirn einen Weg fand. Dass ihr Traum sie mit dem Rest beschenkte. Was auch immer der Rest sein musste.

Die Hände – wundervoll, so sacht und zärtlich. Franzi schnurrte.

Die Augen immer noch fest geschlossen, bot sie sich in ihrem Traum allem dar, was möglich war. Sie hatte keine Ahnung, wer oder was es war, der solche wundervollen Gefühle in ihr auslöste.

Vorsichtige Finger glitten zu ihrem Bauchnabel, umkreisten ihn mit gehauchten Annäherungen an ihre Haut. Überall da, wo doch ein Finger die Haut berührte, bildete sich eine kleine Gänsehaut.

Hatte sie es sich so vorgestellt? Franzi war begeistert. Nur würde sie sehr gern wissen wollen, welchen der Jungs aus der Oberstufe sie sich ausgesucht hatte. Sie konnte sich nicht mehr an eine Verabredung erinnern. Verflixter Alkohol.

Alkohol? Langsam versuchten sich, ihre Gedanken aus der Nebelmasse zu befreien. Doch irgendetwas hinderte sie daran. War es dieses höllisch geile Wohlgefühl?

Trotz ihrer Neugier wollte sie sich dieses kleine Geheimnis kurz bewahren.

Franzi genoss diesen Zustand. Sie schwebte auf einer Wolke von himmlischen Gefühlen, gefangen in einem Rausch an zärtlichen Berührungen. Die nur unterbrochen wurden, als ihre Hose und der Slip hinabgezogen und über ihre Beine nach unten gestreift wurden.

Sie konnte ihnen auch nichts entgegensetzen, als sie sich immer weiter von ihrem Bauchnabel über ihr Schambein hinab zu ihrer intimsten Stelle arbeiteten.

Mit äußerster Zärtlichkeit wurde ihre Vagina berührt. Fast würde sie es mit einem Flattern beschreiben. Schmetterlingsflügel, die ihre erhitzte Haut nicht kühlten, nein, sie in Flammen setzten.

Ihr verdrehtes Gehirn würde ihr doch nicht vorgaukeln, dass sie mit einem lebensgroßen Schmetterling zusammen auf dem Bett lag? Lag sie auf einem? Doch, die Kissen und das Bettlaken erinnerten sie an etwas. Nur an was?

Das Bedürfnis, sich dem Schmetterling darzubieten, war ungeheuerlich.

Hatte sich ihre Atmung verändert? Kurze Atemstöße pressten sich aus ihrer Lunge. Wie konnte das alles nur möglich sein? Und doch war es ihr in diesem Moment egal. Sie wollte darüber nicht nachdenken.

Ihr Schmetterling (irgendwie fehlte ihr doch die bildliche Darstellung) drückte ihre Oberschenkel auseinander. Ganz weit hinter ihrem Gedankennebel verspürte sie eine leichte Irritation, so als würde etwas nicht richtig sein, nicht stimmen. Nur hielt dieser Moment nicht lange an, wie eine Staubflocke wehte er davon, über das Bett auf den Fußboden. Aus den Augen aus dem Sinn.

Leicht spreizte sie für ihren Traum die Beine. Gab der Verkörperung Raum und Platz und fühlte sich weder beschämt noch schüchtern. An diesem Augenblick musste etwas wichtig sein – nur was?

Gerade wollte sich ein Gedanke festsetzen, da strichen die Schmetterlingsflügel sacht über ihre Schamlippen und ließen sie lustvoll aufstöhnen. Sie hatte nichts anderes zu tun, als ihr Becken zu heben und es der doch sehr festen, körperlichen Gestalt entgegenzustrecken. Ihr genügte die Vorstellung, ein himmlisch, ätherisches Wesen würde in ihrem Traum herumgeistern und sie auf diese Art und Weise in ein Gefühlschaos stürzen.

Sie presste ihre Hüften vom Bett ab und dem Etwas entgegen. Drückte ihre feuchte Vagina an seinen ... Egal – ihr war es egal!

Aufgeputscht durch diese lieblichen Berührungen, ihren inneren benebelten Zustand, fühlte sie, wie mächtig es war. Zu welchen magischen Sachen es fähig war.

Als dann auch etwas in sie eindrang, nicht schmerzhaft, nicht bohrend, nicht brennend – einfach gleitend, und sie sanft im Inneren streichelte, musste sie sich ergeben. Unvermittelt und für sie völlig überraschend, baute sich ein mächtiger Druck in ihrem Bauch auf und löste sich mit einem Zusammenziehen aller inneren Muskeln auf. Überschwemmt von Glücksgefühlen, zuckte sie unter der Wucht ihres ersten Orgasmus.

Völlig entspannt lag sie auf dem Bett, hob ihren Oberkörper auf ihre Ellenbogen und versuchte, jetzt endlich ihre schweren

Augenlider zu heben. Stück für Stück blinzelte sie sich in die reale Welt zurück.

Und erstarrte.

Nichts blieb von diesem herrlichen Gefühl übrig. Rein gar nichts.

Entsetzt krabbelte sie auf dem Bett zum Kopfteil zurück. Die Kissen, in denen sie eben noch dahingeschmolzen war, dienten jetzt als Schutz, als Wall. Sie musste unbedingt Abstand gewinnen.

Vor ihr auf allen vieren kniete ihre beste Freundin und starrte sie mit verzücktem Blick an.

In ihren Augen las sie eine Spur von Besessenheit, Gier, sich das zu holen, was sie sich schon genommen hatte.

Franzis Schockstarre löste sich mit einem Schrei. »Was hast du getan?« Mit schrillem Ton warf sie diese Frage in den Raum. Noch mal schrie Franzi Paula an. »Was – hast – du – getan?« Pures Entsetzen lag auf Franzis Gesichtszügen. Sie realisierte, dass sie komplett nackt auf dem Bett saß. Die Emotion wurde durch Wut ersetzt.

Franzi kreischte fast. Boxte mit ihren Fäusten auf die vor sich liegenden Kissen. »Warum?« Während ihrer Schreie brachte sie immer wieder nur das eine Wort hervor.

»*Warum?*« Anklagend blickte sie Paula direkt in die Augen. Von Franzis Rausch war nichts mehr übrig. Dieser Schock hatte sie sofort ernüchtert.

Paula verzog ihre Lippen zu einem süffisanten Lächeln. »Es schien dir aber gefallen zu haben, wie du dich so gewunden und mir entgegengestreckt hast. Also mach hier nicht so einen Terror.« Mit einer provokanten Geste wischte sie sich über ihren Mund.

Franzi konnte nur noch den Kopf schütteln und ein Schauer der Abneigung durchströmte ihren Körper. »Wie konntest du das nur tun? Du bist meine Freundin.« Ungläubig starrte Franzi Paula an. »Wieso?«

Paula schien zu begreifen, dass ihr Plan dann doch nicht so verlaufen war, wie sie es sich vorgestellt hatte. Genervt hob sie ihre Arme und breitete sie ergeben aus. »Lass gut sein. Ich dachte, uns verbindet mehr, als nur Freundschaft!«

»Wie kommst du denn darauf?« Während sie sich im Zimmer panisch umschaute, um nach ihrem T-Shirt und der Hose zu suchen, probierte sie, einen klaren Kopf zu bekommen. »Du hast mich absichtlich betrunken gemacht?« Sie raffte, als sie vom Bett geklettert war, ihre Kleidung zusammen, zog nur das Shirt über, in die Hose schlüpfte sie gleich ohne Unterwäsche hinein. Die steckte sie in die Hosentasche.

Paula saß noch immer auf dem Bett, leicht zurückgelehnt, und betrachtete, wie sie sich panisch umsah. Genervt verdrehte sie die Augen. »Und wenn es so wäre?«

»Was denkst du dir dabei? Oder besser, was hast du dir dabei gedacht?« Franzi schaute sie nicht an, sie lief aufgewühlt durch das Zimmer. »Wir sind seit Jahren miteinander befreundet! Du bist meine beste Freundin! Warum hast du das jetzt zerstört?« Bei diesen Worten blieb sie mitten im Raum stehen. Blickte zu ihrer Freundin – oh Gott, waren sie jetzt noch Freunde?

»Weshalb kaputt gemacht? Es war doch sehr schön. Und dir hat es gefallen! Du hast dich mir hingegeben, das kannst du nicht so einfach leugnen.«

»Ich war, oh Gott, vielleicht bin ich es immer noch, betrunken! Ich will heim.«

»Oh je, du bist ein Spielverderber.«

»Nein, bin ich nicht! Nur, das hier ist kein Spiel. Das hier hat etwas mit Vertrauen zu tun.«

Paulas Gesicht verzog sich zu einer Grimasse. »Ich vertraue dir – seit Jahren! Ich liebe dich! Seit Jahren!« Haltlos begann sie, zu schluchzen. »Bitte Franzi, ich brauche dich doch.« Flehend hielt Paula die Hand in ihre Richtung gestreckt.

»Tut mir leid, ich kann das nicht. Hörst du? Du bist meine Freundin seit Kindertagen! Du kannst so was nicht machen.« Dabei zeigte Franzi auf das Bett. »Das geht nicht, nein, das ... das ist nicht richtig!«

Franzi blickte sie durchdringend an. »Ich bin nicht lesbisch, ich möchte das«, sie wedelte mit der Hand wieder in Richtung Bett »mit einem Mann machen!«

Paula schluchzte nur noch. »Die sind doch alle doof. Männer wollen nur das Eine und dann sind sie weg!« Franzi horchte auf.

»Woher willst du das wissen?« Langsam trat sie Schritt für Schritt auf das Bett zu. »Sag schon, los!«

Paula blickte bockig zur Seite. Jetzt war sie es, die die Hände zu Fäusten ballte.

»Was verheimlichst du mir? Was?« Vorsichtig setzte sich Franzi auf die Bettkante. Unterließ es aber, nach den Händen von Paula zu greifen.

»Nichts.« Ihr Blick wurde nur noch abwehrender.

»Dass du heute seltsam bist, habe ich schon gemerkt. Woran liegt das? Und wie kommst du zu solchen Aussagen? Hast du schlechte Erfahrungen gemacht? Hat dich ein Junge schlecht behandelt?« Eindringlich schaute sie sie an. »Sag schon, was ist passiert?« Den Abstand behielt sie allerdings bei. Sie fühlte sich von Paula hintergangen. Benutzt und sogar leicht missbraucht. Doch sie waren Freundinnen. Irgendwie musste es weitergehen. Würde es weitergehen?

»Nein, das kann ich dir nicht sagen«, wehrte Paula ab und Franzi schnaubte aufgebracht durch die Nase.

»Aber mich hier so ... Oh Gott, ich will es gar nicht beschreiben ... Los, komm schon, erzähl es mir, vielleicht können wir zwei dann unsere Freundschaft bewahren!«

Es wurde eine sehr lange Nacht. Paula erzählte Franzi ihr Erlebnis mit einem der Kerle aus der Oberstufe. Sie kannten sich von den Eltern her. Wie er sie behandelt hatte, was er von ihr gewollt und sich genommen hatte.

Franzi machte ihr klar, dass das nicht die feine englische Art gewesen war und dass ihre Freundschaft einen großen Riss bekommen hatte. Ob der jemals wieder zu kitten wäre, dass würde in den Sternen stehen.

Paula heulte sich gegen Morgen in den Schlaf und Franzi machte sich auf den Heimweg.

Dieser Abend hatte beide Mädchen sehr geprägt, ihre Freundschaft hatte sich nicht wieder kitten lassen, sie hatten allerdings normal miteinander umgehen können, keine von beiden kam jemals wieder darauf zu sprechen.

Nicht verpassen: kostenlos per Post ...

»Gieriges Jagdwild«

Die erotische Zusatzgeschichte

Schneide dir die Postkarte aus
und schicke sie ausgefüllt zurück!

- ❑ Ja, ich möchte am iPad-Gewinnspiel teilnehmen.
- ❑ Bitte schicken Sie mir die kostenlose Internet-Story »Gieriges Jagdwild« ausgedruckt per Post an meine folgende Adresse.
- ❑ BUCH-ABO / E-BOOK-ABO: Sie erhalten jedes neue Buch versandkostenfrei direkt und unverbindlich zugeschickt und zahlen bequem per Lastschrift oder Rechnung. Bei Nichtgefallen können Sie es einfach zurückschicken! Dies ist kein Club, kein Kaufzwang!

___________________ ❑ Herr ❑ Frau

Name, Vorname

____

Straße, Hausnummer

____

PLZ, Ort

___________________ ___________________

Land Geburtsdatum

____

E-Mail (für aktuelle Informationen)

____

Wie haben Sie von diesem Buch erfahren?

____

Wo haben Sie dieses Buch gekauft?

Infos zur Datenverarbeitung unter: blue-panther-books.de/de/datenschutz.html

Millicent Light - Die pure Lust in dir | 2. Auflage | ML1 | 2253

Bitte freimachen falls Marke zur Hand

Antwort

blue panther books
Osterfeldstr. 12-14 | Haus 1 | Nord
22529 Hamburg
Deutschland / Germany